CUESTIONES SOBRE CONSUMIDORES Y CLÁUSULAS ABUSIVAS EN PRÉSTAMOS HIPOTECARIOS

Jorge Tomillo Urbina

Catedrático de Derecho Mercantil
Universidad de Cantabria

CUESTIONES SOBRE CONSUMIDORES Y CLÁUSULAS ABUSIVAS EN PRÉSTAMOS HIPOTECARIOS

Dykinson, S.L.

Este libro ha sido sometido a evaluación por parte de nuestro Consejo Editorial

Para mayor información, véase www.dykinson.com/quienes_somos

COLECCIÓN CÁTEDRA EUROAMERICANA DE PROTECCIÓN JURÍDICA DE LOS CONSUMIDORES

EUGENIA FERNÁNDEZ (DIRECTORA)

El presente trabajo se ha desarrollado en ejecución del proyecto titulado "Fomento de la investigación en materia de consumo 2021/2022", financiado por la Consejería de Innovación, Industria, Transporte y Comercio del Gobierno de Cantabria.

Madrid, 2021

Editorial DYKINSON, S.L.
Meléndez Valdés, 61 - 28015 Madrid
Teléfono (+34) 915442846 - (+34) 915442869
e-mail: info@dykinson.com
http://www.dykinson.es
http://www.dykinson.com

ISBN: 978-84-1377-888-4
Depósito Legal: M-31758-2021

Preimpresión:
Besing Servicios Gráficos, S.L.

Índice

Nota del autor

1. El presente estudio tiene su origen en un artículo publicado en la Revista de Derecho Patrimonial (núm. 55, 2021) en el que me ocupaba de pergeñar algunas consideraciones sobre la más reciente jurisprudencia española y europea en materia de cláusulas abusivas insertas en contratos de préstamo hipotecario destinados a financiar la adquisición de vivienda habitual por parte de consumidores. La idea inicial era ofrecer un material práctico –ordenado y comentado– para el manejo cotidiano de los estudiantes en una materia sumamente compleja, sujeta, además, a una enorme variabilidad escasamente compatible con el principio de seguridad jurídica.

Los comentarios y sugerencias de algunos colegas, así como de profesionales del sector bancario y del tráfico económico, de la judicatura, de la abogacía y de la consultoría, me animaron a seguir escribiendo un poco más para actualizar y completar de manera sustancial el texto original, desarrollando algunos aspectos e introduciendo otras cuestiones no contempladas inicialmente.

2. Debo aclarar, por si no resultara obvio, que estas líneas carecen de cualquier propósito de realizar un tratamiento global del gravísimo problema de las malas prácticas centradas en el empleo masivo de cláusulas abusivas por parte de las entidades de crédito con su clientela. Tampoco tienen el objeto de llevar a cabo un análisis sistemático de las condiciones generales de la contratación como categoría jurídica (art. 1

LCGC 7/1998), ni siquiera de diseccionar las cláusulas abusivas y su densa problemática, entendidas como todas aquellas estipulaciones no negociadas individualmente (con extensión a todas aquéllas prácticas no consentidas expresamente) que, en contra de las exigencias de la buena fe causen, en perjuicio del consumidor y usuario, un desequilibrio importante de los derechos y obligaciones de las partes que se deriven del contrato (art. 82.1 TRLGDCU 1/2007). Todas estas cuestiones, y la inagotable casuística que llevan asociada, cuentan entre nosotros con relevantes estudios de manejo insustituible para una adecuada comprensión de su realidad.

Lo único que ahora se pretende es trazar una sencilla aproximación a los últimos pronunciamientos jurisprudenciales en materia de control de las cláusulas contractuales no negociadas individualmente presentes en los préstamos hipotecarios, con la finalidad de compartir y suscitar algunas reflexiones sobre sus diversas y variadas líneas evolutivas, sus innegables aciertos, sus peligrosas lagunas, sus frecuentes vaivenes y zigzagueos, y su reconocida contribución al bienestar social y a la defensa de los derechos de los consumidores, cuya garantía viene encomendada a los poderes públicos por el artículo 51.1 de la Constitución, a los que hace responsables de la defensa de los consumidores y usuarios, instando la protección, mediante procedimientos eficaces, de la seguridad, la salud y los legítimos intereses económicos de los mismos. De esta manera, el ordenamiento jurídico español interioriza –y constitucionaliza– la proclamación de Georges Ripert en 1948: *"La liberté ne suffit pas à assurer l'egalité, car les plus forts deviennent vite des opresseurs. Il appartient alors à l'Etat d'intervenir pour la protection des faibles"*.

3. En el cumplimiento de este cometido, los poderes públicos –legislativo, ejecutivo y judicial– no solo han protagonizado indudables y significativos avances. También, en no pocas ocasiones, han generado desánimo y frustración social como consecuencia de la debilidad y la falta de ambición con que abordan la tarea constitucional encomendada en aquel ya

lejano 1978. A veces, incluso, todo hay que decirlo, sorprenden a la ciudadanía con aparatosas maniobras aderezadas con desconcertantes giros involutivos que devuelven a la casilla de salida, como en el viejo *Juego de la Oca*, alguna de las fichas multicolor que manejan sobre el tablero del mercado los jugadores menos avezados o más vulnerables. En cualquier caso, no puede quedar sin reconocimiento –en términos generales– la fructífera labor realizada por el Tribunal de Justicia de la Unión Europea y por la Sala Primera del Tribunal Supremo español.

4. El trabajo se inicia con el análisis de la dimensión subjetiva de la asimetría posicional (B2C), observando cómo la más reciente jurisprudencia española y europea manifiestan una cierta proyección expansiva a la hora de interpretar el concepto jurídico de consumidor, ensanchando notablemente el ámbito inicialmente delimitador del criterio de ajenidad con el propósito de contrapesar su situación de inferioridad respecto al profesional en lo referido tanto a la capacidad de negociación como al nivel de información, situación que le lleva a adherirse a las condiciones redactadas de antemano por el profesional sin poder influir en el contenido de éstas [STJUE de 3 de junio de 2010 (C-404/08) ap. 27].

La tendencial intensificación de la protección jurídica de los consumidores en el mercado –aun concurriendo, en determinadas circunstancias, algún ánimo de lucro en el adquirente no profesional, la utilización del producto o servicio adquirido con doble finalidad (no profesional/profesional), la utilización esporádica de algunas técnicas profesionales por parte de un vendedor no profesional (C2C) o, incluso, en determinados afianzamientos de operaciones típicamente mercantiles– da pie a enunciar lo que he denominado *principio de prevalencia de la condición jurídica de consumidor en situaciones complejas*. Esta regla puede desempeñar una relevante función exegética en el fortalecimiento de la protección jurídica de las personas físicas que sean deudores, fiadores o garantes, de préstamos que estén garantizados mediante hipoteca u otro derecho real de garantía sobre bienes inmuebles de uso residencial o cuya finalidad sea adquirir o conservar derechos de propiedad sobre terrenos o inmuebles construidos o por construir (art. 1.I LCCI 5/2019).

5. Sentada esta base, debemos abordar sin solución de continuidad la dimensión objetiva de las posiciones asimétricas. El punto de partida ha de fijarse en la constatación de esta dimensión objetiva de la asimetría posicional en la contratación seriada o en masa y la correlativa formulación del principio de legalidad en el control de las cláusulas predispuestas, para proteger al adherente en los préstamos hipotecarios con consumidores. Es fundamental garantizar al adherente la posibilidad efectiva de conocer el contenido del clausulado prerredactado, y que éste reúna los requisitos de transparencia, concreción, claridad y sencillez (art. 5.5 LCGC 7/1998) en textos legibles y accesibles presididos por la buena fe y la búsqueda de un justo equilibrio entre los derechos y obligaciones de las partes (art. 80.1 TRLGDCU 1/2007).

Al hilo de las reglas establecidas en las importantísimas Sentencias del Tribunal de Justicia de la Unión Europea de 9 y de 16 de julio de 2020 principalmente, se aprovecha su estructura para incrustar en ella el análisis de la última jurisprudencia del Tribunal Supremo español en cuestiones tan relevantes como la compleja interacción entre los conceptos de abusividad y transparencia, la devolución de las cantidades abonadas en cumplimiento de una clausula declarada nula por abusiva y sus controvertidos intentos de enervación, la naturaleza de la comisión de apertura como prestación no esencial, su relación con los servicios efectivamente prestados por el banco predisponente y su transparencia, las diversas opciones que se abren para materializar el cómputo de la prescripción de la acción restitutoria o el nuevo régimen de las costas procesales a la luz del principio de efectividad del Derecho de la Unión Europea.

6. La exposición sucinta de la materia concluye con una valoración de determinados aciertos y errores cometidos en los últimos años, así como de algún reciente retroceso en los niveles de protección de la clientela de las entidades de crédito. También se reivindica el papel fundamental del legislador para superar la inseguridad jurídica originada al calor de una jurisprudencia a veces oscilante y variable, provista de un sustento normativo manifiestamente mejorable.

No ha de ser tarea fácil la búsqueda del compromiso del legislador, habida cuenta de su tradicional pereza y del recelo con que enfrenta cualquier propuesta innovadora que no provenga de los aledaños del poder económico. Pero las gravísimas circunstancias económicas, sociales, políticas y sanitarias que tiñen de incertidumbre este convulso e inesperado principio de siglo exigen un esfuerzo serio y comprometido para salvaguardar los maltrechos intereses de quienes menos cobijo tienen frente a las severas inclemencias referidas. La LCCI 5/2019, de 15 de marzo no es un mal comienzo, pero es preciso avanzar mucho más.

7. De la misma manera, y con igual intensidad, resulta imprescindible recabar el compromiso proactivo de las propias entidades de crédito. Éstas han de ser conscientes de que la profundísima crisis reputacional que atraviesan como consecuencia de sus malas prácticas y de la dureza, desdén y desconsideración con que tratan a su clientela más vulnerable –escamoteando información esencial y estirando hasta el agotamiento (del cliente) litigios que saben perdidos de antemano– únicamente podrá remontarse cambiando el rol de la empresa. En el año 2020, el porcentaje medio de éxito obtenido por los consumidores en los litigios frente a las entidades de crédito se ha situado en el 90,3 %, consolidando las cifras ya conocidas de 2018 y 2019 a pesar del "parón" judicial producido por la pandemia COVID-19, que redujo la litigiosidad un 22,9 %. Cifra de éxito que se eleva a un 95,2 % en los litigios sobre gastos hipotecarios y a un 92,9 % en las

reclamaciones sobre cláusulas suelo (*Estudio jurisprudencial Asufin 2020*, mayo de 2021).

El rotundo y sistemático éxito judicial de los consumidores debería tornarse en inasumible fracaso para las entidades bancarias y crediticias. No es de recibo que, con estos datos, continúen negándose en muchos casos a ofrecer una solución razonable y negociada a su clientela, prefiriendo decantarse por perpetuar la asfixia procesal. Es necesario promover el diálogo e interacción del sector bancario con los grupos de interés de su entorno, a quienes deben transferir alguna porción de valor para ganar y mantener su confianza cumpliendo alguna de sus expectativas más allá de las habituales actuaciones sociales y medioambientales. Es urgente que los contratos bancarios con consumidores dejen de ser una zona de actividades cinegéticas, un reservorio o vivero de cláusulas abusivas, reconstruyendo la relación de confianza con su clientela. Una tenue luz se atisba en la *Memoria de Reclamaciones del Banco de España 2020* (julio de 2021), que detecta respecto de 2019 una ligera disminución de los informes favorables al reclamante (38,1 %/36,8 %) y un moderado aumento de los emitidos a favor de las entidades (28,5 %/33 %), apuntando que éstas "van asumiendo en mayor medida los criterios de buenas prácticas bancarias en sus relaciones con los clientes y esmerándose en el trato a estos". No dudo que sea un dato positivo en términos de supervisión de la conducta, pero es menos estimable en términos de clientela: los informes favorables al reclamante, unidos a los allanamientos (que bajan del 33,4 % al 30,2 %), alcanzan un insatisfactorio 67 %, a lo que hay que añadir los bajos niveles de rectificación de algunas entidades.

8. Avanzar decididamente en esta línea sería de gran utilidad para la sociedad en su conjunto. En la literatura económica podemos encontrar estudios (A. Arbelo/P. Gómez, 2001) concluyendo que por cada punto porcentual en que las empresas incrementen su reputación, el rendimiento medio sobre activo (ROA) podría incrementarse en un 0,32

por ciento, lo que constituye una magnitud muy importante en mercados altamente competitivos como el mercado de crédito.

La inaplazable reconstrucción reputacional de las entidades de crédito podría ser una buena manera de cambiar la relación del negocio bancario con los núcleos tradicionales de poder. Una iniciativa con potencial suficiente, además, para poner en valor un importante recurso generador de ventajas competitivas. La reputación –la confianza de la clientela– es un intangible estratégico que puede mejorar los resultados de la empresa en términos de rentabilidad económica, rentabilidad financiera y ratio valor. Su correlativa repercusión en la percepción de los *stackeholders* (especialmente los clientes) respecto de sus expectativas –más que sensatas– podría tener efectos balsámicos frente al insufrible escozor e irritación instalados en la epidermis social.

Cudillero, a 26 de julio de 2021

1. Consideración preliminar

Como se ha puesto de relieve, la contratación en masa hace tiempo que se ha convertido en un problema para el derecho como consecuencia de la presencia extendida de cláusulas abusivas en los formularios contractuales. Con razón se ha apuntado[1] que "la presencia de una misma cláusula abusiva en –a veces– centenares de miles de contratos ha puesto de manifiesto que si el legislador se limita a no actuar, la justicia del contenido contractual, que es un efecto propio de la libertad en la contratación individual, está, a menudo, ausente en la contratación estandarizada o en masa".

Se reconoce sin discusión la necesidad de estructurar la dimensión jurídica correspondiente a la posición del contratante institucionalmente débil[2] que sufre habitualmente el *"defecto de justicia"* en la contratación por encontrarse en una situación de habitual inferioridad frente al otro contratante en razón de la posición económica que uno y otro ocupan en el mercado[3].

---

1 *Vid.* Jesús ALFARO ÁGUILA-REAL: "Función económica y naturaleza jurídica de las condiciones generales de la contratación", en *Comentarios a la Ley de Condiciones Generales de la Contratación* (A. Menéndez/L. Díez-Picazo dirs.), Madrid, 2002, p. 75.

2 Gilles PAISANT: *Droit de la Consommation*, ed. Thémis, Paris, 2019, pp.8-10, entiende que las leyes que protegen a los consumidores encuentran su *fundamento* en la situación de debilidad y de vulnerabilidad en la que se encuentran éstos frente a los profesionales. Ello se traduce en una información asimétrica que se despliega en tres ámbitos: *a)* dependencia técnica, *b)* inferioridad económica y *c)* inferioridad jurídica.

3 *Cfr.* Agustín LUNA SERRANO: "Del contrato justo por ser libre al contrato justo por ser equilibrado", en *Culpa y responsabilidad* (L. Prats/G. Tomás coords.), Cizur Menor, 2017, p. 696.

2. La dimensión subjetiva de la asimetría posicional

En este sentido, una primera aproximación a la tutela de las posiciones jurídicas asimétricas pasa por analizar la *vis expansiva* que la más reciente jurisprudencia europea y española viene otorgando al concepto jurídico de consumidor, ensanchando de este modo el ámbito subjetivo de protección y facilitando el acceso de más personas a la protección que ofrece el acervo comunitario[4] en materia de consumo.

Es indudable que el ensanchamiento progresivo de la base de la pirámide permitirá, además, consolidar la estructura normativa que se alza sobre ella con el propósito de ofrecer un sistema eficaz para la protección de los intereses económicos y sociales de los consumidores y usuarios. Se trata de una tarea fundamental en todo momento y circunstancia, pero más aún -si cabe- en épocas como la presente, caracterizadas por la concurrencia de crisis múltiples, severas y prolongadas en el tiempo.

[4] *Vid.* Jorge TOMILLO URBINA y Vicente GOZALO LÓPEZ: "Aportaciones al Libro Verde sobre la revisión del acervo en materia de consumo", en *Estudios de Derecho español y europeo* (C. Arranz/M. Serna coords.), Santander, 2009, pp. 975-1001.

3. La condición jurídica de consumidor: el principio de ajenidad

En efecto, pensemos que el acervo principal de protección jurídica de los intereses patrimoniales de los contratantes vulnerables -no profesionales- por su asimetría posicional respecto de los proveedores profesionales, viene contenido en el Real Decreto Legislativo 1/2007, de 16 de noviembre, por el que se aprueba el texto refundido de la Ley General para la Defensa de los Consumidores y Usuarios (TRLGDCU), que establece como leyenda de frontispicio su propio ámbito subjetivo de aplicación: "[e]sta norma será de aplicación a las relaciones entre consumidores o usuarios y empresarios" (art. 2).

A este presupuesto subjetivo de naturaleza vertical (B2C), ha de añadirse el condicionante objetivo que activa la aplicación del sistema proteccionista: "[l]os poderes públicos protegerán prioritariamente los derechos de los consumidores y usuarios cuando guarden relación directa con bienes o servicios de uso o consumo común, ordinario y generalizado" (art. 9).

En relación con el concepto de consumidor, el artículo 3 TRLGDCU sustituye el viejo criterio del destino final[5] por el más moderno de la ajenidad[6] a cualquier tipo de actividad

[5] Contemplado en el artículo 1.2 y 3 de la derogada *Ley 26/1984, de 19 de julio, General para la Defensa de los Consumidores y Usuarios.*

[6] Sobre esta cuestión, *vid.*, por todos, el excelente y extenso análisis realizado por Joaquín CAYÓN DE LAS CUEVAS: *La prestación de servicios sanitarios como relación jurídica de consumo*, ed. Civitas-Thomson Reuters, Cizur Menor,

de naturaleza profesional: "[...] son consumidores o usuarios las personas físicas que actúen con un propósito ajeno a su actividad comercial, empresarial, oficio o profesión. Son también consumidores [...] las personas jurídicas y las entidades sin personalidad jurídica que actúen sin ánimo de lucro en un ámbito ajeno a una actividad comercial o empresarial".

En consecuencia, existirá un acto de consumo cuando un consumidor contrate con un empresario, entendiendo por tal "[...] toda persona física o jurídica, ya sea privada o pública, que actúe directamente o a través de otra persona en su nombre o siguiendo sus instrucciones, con un propósito relacionado con su actividad comercial, empresarial, oficio o profesión" (art. 4), y el TRLGDCU desplegará todos sus efectos cuando, además, el objeto de la relación jurídica guarde relación directa con bienes o servicios de uso o consumo común, ordinario y generalizado[7].

Es precisamente esta doble dimensión subjetiva y objetiva la que configura las relaciones jurídicas de consumo en los modernos ordenamientos jurídicos europeos.

2017, pp. 145 y ss., especialmente pp. 179-196, donde acuña la expresión "ajenidad de propósito empresarial" (p. 180). Puede verse también Gilles PAISANT: *Droit de la Consommation cit.*, pp. 27-32 y María José REYES LÓPEZ: "La reforma introducida en el TRLGDCU por Ley 3/2014 sobre el derecho de desistimiento e información", *Actualidad Jurídica Iberoamericana*, 2 (2015), p. 258.

[7] Vid. Anexo I del *Real Decreto 1507/2000, de 1 de septiembre, por el que se actualizan los catálogos de productos y servicios de uso o consumo común, ordinario y generalizado y de bienes de naturaleza duradera* (*vid.* Disposición transitoria segunda TRLGDCU).

4. Prevalencia del principio de ajenidad en situaciones complejas

Lo anteriormente expuesto nos lleva a realizar algunas consideraciones previas en relación con el concepto jurídico de consumidor y el comportamiento de su tipicidad ante determinadas situaciones que podemos considerar complejas, ya sea atendiendo a la concurrencia ocasional de una intención lucrativa, ya sea atendiendo a la utilización por el consumidor -de manera fragmentaria- de técnicas propias de la actividad profesional, ya sea por la aplicación del uso de los bienes con fines mixtos, ya sea, en fin, por la prestación -muy frecuente en la práctica de los profesionales autónomos y de las pequeñas empresas- de garantías no profesionales para asegurar operaciones empresariales.

4.1. Ajenidad y ánimo de lucro

La jurisprudencia europea y española establecen de forma terminante la prevalencia de la condición jurídica de consumidor incluso en aquellos casos en que el consumidor persona física actúe con ánimo de lucro, elemento intencional característico de las transacciones económicas profesionales que, sin embargo, no es suficiente para excluir *per se* la condición jurídica de consumidor con carácter general. Para mantener la prevalencia de esta condición es requisito imprescindible que no concurra la nota de habitualidad en el ejercicio de la operación (ejercicio regular), lo que reclamaría la aplicación del estatuto profesional.

La existencia de ánimo de lucro es circunstancia excluyente de la condición jurídica de consumidor (requisito negativo) únicamente para las personas jurídicas, como establece la *STS núm. 16/2017, de 16 de enero*[8] (FD 2º):

> "[...] la reforma del mencionado art. 3 TRLGCU por la Ley 3/2014, de 27 de marzo [...] puede arrojar luz sobre la cuestión. En efecto, a diferencia de lo que ocurre con las directivas comunitarias que sólo se refieren a personas físicas, tras dicha reforma se sigue distinguiendo entre consumidor persona física y consumidor persona jurídica, pero se añade que el ánimo de lucro es una circunstancia excluyente solo en el segundo de los casos. Es decir, se introduce un requisito negativo únicamente respecto de las personas jurídicas, de donde cabe deducir que la persona física que actúa al margen de una actividad empresarial es consumidora, aunque tenga ánimo de lucro.
>
> No obstante, sin apartarse de dicha regulación, cabría considerar que el ánimo de lucro del consumidor persona física debe referirse a la operación concreta en que tenga lugar, puesto que si el consumidor puede actuar con afán de enriquecerse, el límite estará en aquellos supuestos en que realice estas actividades con regularidad (comprar para inmediatamente revender sucesivamente inmuebles, acciones, etc.), ya que de realizar varias de esas operaciones asiduamente en un período corto de tiempo, podría considerarse que, con tales actos, realiza una actividad empresarial o profesional, dado que la habitualidad es una de las características de la cualidad legal de empresario, conforme establece el art. 1.1º del Código de comercio.
>
> Desde este punto de vista, no consta que la Sra. Milagrosa realizara habitualmente este tipo de operaciones, por lo que la mera posibilidad de que pudiera lucrarse con el traspaso o reventa de sus derechos no excluye su condición de consumidora".

En este mismo sentido, la *Sentencia del Tribunal de Justicia de la Unión Europea (Sala Sexta) de 10 de diciembre de*

[8] Recurso núm. 2718/2014.

2020 (asunto C-774/19)[9], ha declarado que una persona física domiciliada en un Estado miembro que, por una parte, ha celebrado con una sociedad establecida en otro Estado miembro un contrato para jugar al póker en Internet que contiene condiciones generales determinadas por esta última y, por otra parte, a) no ha declarado oficialmente tal actividad y b) no ha ofrecido dicha actividad a terceros como servicio de pago, no pierde la condición jurídica de consumidor a efectos de esta disposición[10] aunque dedique a ese juego un gran número de horas al día (una media de nueve horas diarias por día laborable), posea amplios conocimientos y obtenga de dicho juego considerables ganancias[11]. El tribunal europeo va ahora un poco más lejos, ya que no parece tarea fácil justificar la exclusión de la nota de habitualidad (regularidad) en una dedicación cotidiana tan intensa[12].

4.2. Ajenidad y contratos con doble finalidad

La condición jurídica de consumidor no va ligada a ningún "atributo" subjetivo, sino más bien a la posición que ocu-

[9] ECLI:EU:C:2020:1015.

[10] Se refiere al artículo 15, apartado 1, del *Reglamento (CE) núm. 44/2001 del Consejo, de 22 de diciembre de 2000, relativo a la competencia judicial, el reconocimiento y la ejecución de resoluciones judiciales en materia civil y mercantil* (DOCE núm. 12, de 16 de enero de 2001, pp. 1-23, ref. DOUE-L-2001-80073).

[11] Apartado 50.

[12] Contra, apartado 46: "la regularidad de una actividad es uno de los elementos que deben tenerse en cuenta y no determina, por sí misma, la calificación que debe hacerse de una persona física con respecto al concepto de «profesional»". Son interesantes las consideraciones que hace al respecto María Victoria CUARTERO RUBIO: "¿Puede ser el consumidor un profesional (del póker on-line)? A propósito del asunto Personal Exchange International, C-774/19", en *Boletín de Novedades CESCO*, 20 de enero de 2021, donde concluye la autora (p. 6): "El criterio mismo de 'regularidad de la actividad' parece de compleja traslación al caso, porque si la actividad es jugar al póker, la clave para la delimitación no es tanto la regularidad de la actividad como la *regularidad de las ganancias* (concepto sensiblemente distinto del ánimo de lucro, compatible con la condición de consumidor). En fin, *acaso estamos ante realidades novedosas resultantes de un mercado laboral y una actividad mercantil globales y distorsionados, que están alumbrando contratantes que no son el consumidor ortodoxo, pero tampoco el ortodoxo autónomo*".

pa una persona en un contrato determinado de acuerdo con la naturaleza y finalidad de éste. En este sentido, la *STS núm. 548/2018, de 5 de octubre*[13] (FD 2º) establece que:

> "[E]l concepto de «consumidor» debe interpretarse en relación con la posición de esta persona en un contrato determinado y con la naturaleza y la finalidad de éste, y no con la situación subjetiva de dicha persona, dado que una misma persona puede ser considerada consumidor respecto de ciertas operaciones y operador económico respecto de otras. De tal forma que, solo a los contratos celebrados fuera e independientemente de cualquier actividad o finalidad profesional, con el único objetivo de satisfacer las propias necesidades de consumo privado de un individuo, les es de aplicación el régimen específico establecido para la protección del consumidor como parte considerada económicamente más débil, mientras que esta protección no se justifica en el caso de contratos cuyo objeto consiste en una actividad profesional".

Dicha condición de consumidor, por otro lado, no excluye la posibilidad de que el uso no profesional concurra con otros usos de naturaleza empresarial. Pensemos, por ejemplo, en la adquisición de un ordenador personal o de un dispositivo de telefonía móvil con el propósito de utilizarlo en el ámbito familiar. No es infrecuente en la práctica, y menos aún en tiempos de COVID-19 y teletrabajo[14], que este uso familiar pueda compatibilizarse con la aplicación –más o menos esporádica– a determinadas finalidades profesionales, como podría ser el uso del equipo informático para celebrar una reunión de trabajo, o la utilización del móvil para llevar a cabo una comunicación profesional fuera del horario habitual.

Se trata de los denominados contratos con fines mixtos o con doble finalidad[15], cuya tipicidad ha sido abordada por

---

[13] Recurso núm. 265/2016.

[14] *Vid.* artículo 7.1.*e)* del *Real Decreto-ley 21/2020, de 9 de junio, de medidas urgentes de prevención, contención y coordinación para hacer frente a la crisis sanitaria ocasionada por el COVID-19.*

[15] *Vid.* Manuel Jesús MARÍN LÓPEZ: "La condición de consumidor en los contratos con doble finalidad (personal y empresarial)", *CESCO*, 22 (2017): 197-206.

la *STS núm. 224/2017, de 5 de abril*[16] (FD 4º), en los términos siguientes:

> "1. Sobre esta noción de consumidor [en los contratos con doble finalidad], el problema que se plantea en este caso es si cabe considerar como tal a quien destina el bien o servicio a fines mixtos, es decir, a satisfacer necesidades personales, pero también a actividades comerciales o profesionales. Ni el art. 1 LGDCU ni el actual art. 3 TRLGDCU contemplan específicamente este supuesto, por lo que la doctrina y la denominada jurisprudencia menor han considerado que son posibles varias soluciones: que el contratante siempre es consumidor (pues a veces usa el bien o servicio para fines personales); que nunca lo es (ya que lo usa para fines profesionales); o que lo será o no en atención al uso preponderante o principal.
>
> 2. La Directiva 2011/83/UE, de 25 de octubre de 2011, sobre los derechos de los consumidores, que modificó las Directivas 93/13/CEE y 1999/44/CE, tampoco aborda expresamente este problema en su articulado. Pero en su considerando 17 aclara que, en el caso de los contratos con doble finalidad, si el contrato se celebra con un objeto en parte relacionado y en parte no relacionado con la actividad comercial de la persona y el objeto comercial es tan limitado que no predomina en el contexto general del contrato, dicha persona deberá ser considerada como consumidor.
>
> Ante la ausencia de una norma expresa en nuestro Derecho nacional, resulta adecuado seguir el criterio interpretativo establecido en ese considerando de la Directiva, que además ha sido desarrollado por la jurisprudencia comunitaria. Así, en la STJCE de 20 de enero de 2005 (asunto C-464/01) se consideró que el contratante es consumidor si el destino comercial es marginal en comparación con el destino privado; es decir, no basta con que se actúe principalmente en un ámbito ajeno a la actividad comercial, sino que es preciso que el uso o destino profesional sea mínimo («insignificante en el contexto global de la operación de que se trate», en palabras textuales de la sentencia).

[16] Recurso núm. 2783/2014.

A su vez, la STJUE de 3 de septiembre de 2015 (asunto C-110/14) estableció: «El artículo 2, letra b), de la Directiva 93/13/CEE del Consejo, de 5 de abril de 1993, sobre las cláusulas abusivas en los contratos celebrados con consumidores, debe interpretarse en el sentido de que una persona física que ejerce la abogacía y celebra con un banco un contrato de crédito, sin que en él se precise el destino del crédito, puede considerarse «consumidor» con arreglo a la citada disposición cuando dicho contrato no esté vinculado a la actividad profesional del referido abogado. Carece de pertinencia al respecto el hecho de que el crédito nacido de tal contrato esté garantizado mediante una hipoteca contratada por dicha persona en su condición de representante de su bufete de abogado, la cual grava bienes destinados al ejercicio de la actividad profesional de esa persona, como un inmueble perteneciente al citado bufete».

En esta sentencia, el TJUE recuerda que, conforme al Derecho de la Unión, es consumidor toda persona física que, en los contratos regulados por la Directiva 93/13 /CEE, actúa con un propósito ajeno a su actividad profesional, y que, como tal consumidor, se encuentra en una situación de inferioridad respecto al profesional, idea que sustenta el sistema de protección establecido por la norma comunitaria. Y, al efecto de determinar la condición de consumidor del contratante, en el sentido de dicha Directiva, aclara el TJUE que el juez nacional debe tener en cuenta todas las circunstancias del caso susceptibles de demostrar con qué finalidad se adquiere el bien o el servicio objeto del contrato considerado y, en particular, la naturaleza de dicho bien o de dicho servicio.

Y el ATJUE de 19 de noviembre de 2015 (caso Tarcău), en su apartado 27, recalcó: «A este respecto, procede recordar que el concepto de «consumidor», en el sentido del artículo 2, letra b), de la Directiva 93/13 tiene un carácter objetivo (véase la sentencia Costea, C-110/14, EU:C:2015:538, apartado 21). Debe apreciarse según un criterio funcional, consistente en evaluar si la relación contractual de que se trata se inscribe en el marco de actividades ajenas al ejercicio de una profesión».

3. En fin, para determinar si una persona puede ser considerada consumidor a los efectos de la Directiva 93/13/CEE y del TRLGCU, en aquellas circunstancias en las que existan

indicios de que un contrato persigue una doble finalidad, de tal forma que no resulte claramente que dicho contrato se ha llevado a cabo de manera exclusiva con un propósito ya sea personal, ya sea profesional, el criterio del objeto predominante ofrece una herramienta para determinar, a través de un examen de la globalidad de las circunstancias que rodean al contrato –más allá de un criterio puramente cuantitativo– y de la apreciación de la prueba practicada, la medida en que los propósitos profesionales o no profesionales predominan en relación con un contrato en particular. De manera que, cuando no resulte acreditado claramente que un contrato se ha llevado a cabo de manera exclusiva con un propósito ya sea personal, ya sea profesional, el contratante en cuestión deberá ser considerado como consumidor si el objeto profesional no predomina en el contexto general del contrato, en atención a la globalidad de las circunstancias y a la apreciación de la prueba".

De esta manera, el Tribunal Supremo da un marcado giro argumental respecto de la *STJCE de 20 de enero de 2005 (asunto C-464/01)* según la cual para ser consumidor no basta con que se actúe principalmente en un ámbito ajeno a la actividad comercial, sino que es preciso que el uso o destino profesional sea marginal o mínimo ("insignificante") en comparación con el destino personal (v. gr.: no basta un 80 % vs. 20 %)[17]. El Tribunal Supremo, por el contrario, asume el criterio del fin predominante: "el contratante en cuestión deberá

[17] *Vid.*, más recientemente, la *STJUE de 25 de enero de 2018 (asunto C-498/16)*: "De lo anterior se desprende que, en principio, las reglas de competencia específicas de los artículos 15 a 17 del Reglamento n.º 44/2001 solamente se aplican en el supuesto de que la finalidad del contrato celebrado entre las partes tenga por objeto un uso que no sea profesional del bien o servicio de que se trata (véase, en este sentido, la Sentencia de 20 de enero de 2005, Gruber, C-464/01, EU:C:2005:32, apartado 37). Por lo que respecta, más concretamente, a *una persona que celebra un contrato para un uso que está relacionado parcialmente con su actividad profesional y que, por tanto, tan sólo es parcialmente ajeno a ésta, el Tribunal de Justicia ha considerado que podría ampararse en dichas disposiciones únicamente en el supuesto de que el vínculo de dicho contrato con la actividad profesional del interesado fuera tan tenue que pudiera considerarse marginal y, por tanto, sólo tuviera un papel insignificante en el contexto de la operación*, considerada globalmente, respecto de la cual se hubiera celebrado el contrato (véase, en este sentido, la Sentencia de 20 de enero de 2005, Gruber, C-464/01, EU:C:2005:32, apartado 39)".

ser considerado como consumidor si el objeto profesional no predomina en el contexto general del contrato". Si se considera que "predominar" es prevalecer, preponderar, destacar, "ser más abundante en cantidad, número o intensidad" *(DRAE),* parece claro que el alto tribunal entiende ahora que, en los contratos con doble finalidad, se es consumidor cuando el fin personal predomina (es más del 50%) sobre el fin empresarial o comercial de la adquisición, sin que sea preciso acreditar que éste sea mínimo o insignificante en el contexto global de que se trate[18].

---

[18] En esta materia no puede dejar de destacarse el pionero artículo 2 de la *Ley de Cantabria 1/2006, de 7 de marzo, de Defensa de los Consumidores y Usuarios,* que ofrece anticipadamente –vigente todavía la vieja LGDCU 26/1984– una solución al problema de los contratos con fines mixtos valorada de manera favorable por la doctrina especializada. Véase Sergio CÁMARA LAPUENTE: "El concepto legal de 'consumidor' en el Derecho privado europeo y en el Derecho español: aspectos controvertidos o no resueltos", *Cuadernos de Derecho Transnacional* (marzo 2011), vol. 3, nº 1, p. 90 § 9, donde expone que la Ley 1/2006, de 7 marzo, de defensa de los consumidores de Cantabria no se limita a seguir la legislación estatal sino que –como excepción en el panorama nacional– «al reemplazar a la anterior Ley 6/1998, de 15 mayo, trató de aunar los criterios de la LGDCU con los de las Directivas comunitarias, a la par que *introdujo algunos adverbios de enjundia y cuño doctrinal y comunitario,* al disponer (art. 2) que "1. A los efectos de esta Ley, son consumidores y usuarios las personas físicas o jurídicas que adquieren, utilizan o disfrutan bienes y servicios en Cantabria, como destinatarios finales y *con objetivos generalmente ajenos a cualquier actividad comercial o profesional.* 2. No tendrán la consideración de consumidores o usuarios quienes integren *principalmente* los bienes o servicios en un proceso de fabricación, comercialización o prestación *dirigido al mercado,* aun cuando dicha actividad no implique un lucro directo"».

El propósito del artículo 2 de la Ley de Cantabria 1/2006 no era otro que poner a disposición de la Junta Arbitral de Consumo una herramienta apta para impedir el archivo automático de las reclamaciones resultantes de la aplicación del derogado Real Decreto 636/1993, de 3 de mayo en el mismo momento en que un reclamante manifestara un uso profesional del bien o servicio de consumo, por esporádico o insignificante que resultara en el contexto de su uso global. Sobre esta cuestión, *vid.* también Jorge TOMILLO URBINA: "Realidad y futuro del Sistema Arbitral de Consumo: una aproximación crítica desde la experiencia cántabra", en Jorge Tomillo Urbina (dir.): *Práctica Arbitral de Consumo,* Thomson-Civitas, Cizur Menor, 2007, pp. 42-43, y "El arbitraje de consumo en España: un recorrido histórico", en Leticia García Villaluenga, Jorge Tomillo Urbina y Eduardo Vázquez de Castro (dirs.): *Mediación, arbitraje y resolución extrajudicial de conflictos en el siglo XXI,* ed. Reus SA, Madrid, 2010, tomo II, pp. 96-98.

Lamentablemente e inexplicablemente, el texto original de la Ley 1/2006 fue modificado –once años más tarde– por el artículo 2 de la *Ley de Cantabria 2/2017, de 24 de febrero, de Medidas Fiscales y Administrativas,* que reproduce literalmen-

4.3. Ajenidad y publicidad

Respecto de la habitualidad, es de suma importancia matizar que para privar al adquirente no profesional de su condición jurídica de consumidor no basta con acreditar la repetición de conductas tendentes a la difusión publicitaria de las condiciones de venta. Muy al contrario, la jurisprudencia comunitaria establece que el hecho de que una persona ofrezca a la venta con publicidad bienes nuevos y usados, no excluye en modo alguno la necesidad de probar que dicha persona actúa, además, con un propósito relacionado con su actividad económica, negocio, oficio o profesión. Así se pronuncia la *STJUE de 4 de octubre de 2018 (asunto C-105/17)*[19]:

> "Por lo tanto, para considerar que la actividad de que se trata constituye una «práctica comercial», en el sentido de la referida disposición, procede comprobar que dicha actividad, por una parte, puede calificarse de «práctica de carácter comercial», es decir, que emana de un «comerciante», y, por otra, constituye una acción, omisión, conducta, manifestación o comunicación comercial «directamente relacionada con la promoción, la venta o el suministro de un producto a los consumidores» (véase, en este sentido, la sentencia de 17 de octubre de 2013, RLvS, C-391/12, EU:C:2013:669, apartado 37).
>
> De lo antedicho resulta que solo puede considerarse que existe una «práctica comercial», en el sentido de la Directiva

te –de manera *inútilmente seguidista*– el artículo 3 TRLGDCU. Sobre esta extraña peripecia se pronuncia Joaquín CAYÓN DE LAS CUEVAS: *La prestación de servicios sanitarios cit.*, pp. 195-196, observando cómo "en ocasiones, la brillantez se penaliza", para concluir: "[n]o acaba de comprenderse tal reforma, que supone una renuncia a que la legislación autonómica de desarrollo module y complete aspectos huérfanos de solución jurídico-positiva en la legislación estatal". En su criterio, que comparto, "el problema de la reforma radica en un *equivocado concepto constitucional de 'legislación básica'* que, antes de imponer la reproducción automática de los preceptos estatales, justamente permite el desarrollo y complemento del espacio que proporciona el legislador estatal" (p. 196, nota 125). Además –añado– también puede estar en la raíz del problema un *desconocimiento no excusable* de las líneas básicas de evolución normativa y jurisprudencial del Derecho de la UE en materia de protección jurídica de los consumidores.

19 ECLI:EU:C:2018:808.

2005/29, si la realiza un «comerciante», tal como se define en el artículo 2, letra b), de la citada Directiva.

Pues bien, procede recordar, como se ha precisado en el apartado 40 de la presente sentencia, que el mero hecho de que con la venta se persiga un ánimo de lucro o de que una persona física publique simultáneamente en una plataforma en línea una serie de anuncios en los que ofrece a la venta bienes nuevos y usados no basta por sí mismo, para calificar a esa persona de «comerciante» en el sentido de dicha disposición. Por lo tanto, una actividad como la controvertida en el litigio principal no puede calificarse de «práctica comercial» en el sentido del artículo 2, letra d), de la Directiva 2005/29.

Habida cuenta de las anteriores consideraciones, procede responder a la cuestión prejudicial planteada que el artículo 2, letras b) y d) de la Directiva 2005/29 y el artículo 2, punto 2, de la Directiva 2011/83, deben interpretarse en el sentido de que una persona física que publica simultáneamente en un sitio de Internet una serie de anuncios en los que ofrece a la venta bienes nuevos y usados, como la demandada en el litigio principal, solo debe calificarse de «comerciante» y tal actividad únicamente constituye una «práctica comercial» si dicha persona actúa con un propósito relacionado con su actividad económica, negocio, oficio o profesión, extremo que corresponde apreciar al órgano jurisdiccional remitente a la luz de todas las circunstancias pertinentes del caso de autos".

4.4. Ajenidad y afianzamiento de operaciones profesionales

Dentro de lo que hemos denominado prevalencia de la condición jurídica de consumidor en situaciones complejas, debemos considerar el frecuente supuesto de hecho constituido por aquellos contratos de fianza –a menudo solidaria y con renuncia a los beneficios de excusión y división– y de garantía inmobiliaria celebrados con una entidad de crédito por personas físicas que actúan con un propósito ajeno a su actividad profesional y que carecen de vínculos funcionales con la sociedad mercantil de la que se constituyen en garantes.

4.4.1. Incertidumbres iniciales

Algunas entidades de crédito, coherentes con una más que censurable laxitud ética[20] y con el abuso sistemático a que han sometido a su confiada -o/y apurada- clientela a lo largo de las últimas décadas, se han resistido a aplicar la protección que a los adherentes no consumidores atribuye la *Directiva 93/13/CEE, de 5 de abril, sobre las cláusulas abusivas en los contratos celebrados con consumidores*[21], invocando la doctrina jurisprudencial del Tribunal Supremo en la que expresamente se excluye que las condiciones generales de los contratos suscritos con empresarios o profesionales (v.gr., una sociedad mercantil[22]) sean sometidas al segundo control de transparencia[23] o control de transparencia específico para los

---

[20] En alguna resolución jurisprudencial [*Cfr. STS núm. 138/2015, de 24 de marzo* (recurso núm. 1765/2013)] se llega a hacer constar por el ponente que, ante la aplicación por los tribunales de la legislación comunitaria para la protección jurídica de los consumidores para paliar en la medida de lo posible los efectos devastadores producidos por las cláusulas abusivas bancarias en los últimos tiempos, alguna entidad de crédito -concretamente Cajasur- llegó a afirmar por escrito [*"epistula enim non erubescit"* (Marco Tulio Cicerón, *Epistulae ad familiares*, V, 12, 1] que "al declarar que las cláusulas sobre elementos esenciales del contrato pueden ser enjuiciadas a través del control de transparencia que asegure su comprensibilidad o comprensión real por el consumidor adherente, *el Tribunal Supremo, en la citada sentencia núm. 241/2013, hace una labor de creación judicial del Derecho, que no está admitida en nuestro ordenamiento jurídico*, y no una labor de hermenéutica jurídica, que es la única que podría realizar el órgano judicial". Esto hizo que la Sala se viera obligada a precisar (FD 3º.6) que *"no ha realizado una labor de 'creación judicial del Derecho' que exceda de su función de complemento del ordenamiento jurídico que le asigna el artículo 1.6 del Código civil, sino que ha interpretado la normativa interna a la luz de la letra y la finalidad de la Directiva 93/13/CEE, tal como esta ha sido interpretada por la jurisprudencia del TJUE"*.

[21] DOCE núm. 95, de 21 de abril de 1993.

[22] *Cfr.* artículo 2 del *Real Decreto Legislativo 1/2010, de 2 de julio, por el que se aprueba el texto refundido de la Ley de Sociedades de Capital.*

[23] Sobre esta importante cuestión, en la que no es necesario insistir, sin embargo, al menos en esta sede sistemática (ver *infra*, 5), pueden verse, por todas, la *STS núm. 241/2013, de 9 de mayo* (ROJ STS 1916/2013), la *STS núm. 464/2014, de 8 de septiembre* (Recurso núm. 1217/2013), la *STS núm. 677/2014, de 2 de diciembre* (ROJ STS 5771/2014), la *STS núm. 138/2015, de 24 de marzo* (Recurso núm. 1765/2013), la *STS núm. 222/2015, de 29 de abril* (ROJ STS 2207/2015), o la *STS núm. 705/2015, de 23 de diciembre* (ROJ STS 5618/2015). Más recientemente, *vid.* la *STJUE (Sala Cuarta) de 9 de julio de 2020 (asunto C-452/18)*, ECLI:EU:C:2020:536.

contratos con consumidores, y en la que asimismo se excluye que a través de dicho segundo control de transparencia pueda efectuarse sobre tales cláusulas un control de abusividad[24].

En los contratos de *garantía no profesional de operaciones profesionales*, la cuestión planteaba dudas e incertidumbres en la praxis jurisprudencial[25] hasta el *Auto TJUE (Sala Sexta) de 19 de noviembre de 2015 (asunto C-74/15)*[26], que plantea la cuestión en los siguientes términos[27] (apartados 23 a 25):

> "[L]a Directiva 93/13 define los contratos a los que se aplica atendiendo a la condición de los contratantes, según actúen o no en el marco de su actividad profesional (véanse las sentencias Asbeek Brusse y de Man Garabito, C-488/11, EU:C:2013:341, apartado 30, así como Šiba, C-537/13, EU:C:2015:14, apartado 21).
>
> Dicho criterio responde a la idea que sustenta el sistema de protección establecido por la referida Directiva, a saber, que el consumidor se halla en situación de inferioridad respecto al profesional, en lo referido tanto a la capacidad de negociación como al nivel de información, situación que le lleva a adherirse a las condiciones redactadas de antemano por el profesional sin poder influir en el contenido de éstas (véanse las sentencias Asbeek Brusse y de Man Garabito, C-488/11, EU:C:2013:341, apartado 31, así como Šiba, C-537/13, EU:C:2015:14, apartado 22).
>
> Dicha protección es especialmente importante en el caso de un contrato de garantía o de fianza celebrado entre una entidad financiera y un consumidor. Tal contrato se basa, en efecto, en un compromiso personal del garante o del fiador

---

En la doctrina, es de interés la obra de Francisco Javier ORDUÑA MORENO, Carlos SÁNCHEZ MARTÍN y Raquel GUILLÉN CATALÁN: *Control de transparencia y contratación bancaria*, ed. Tirant lo Blanch, Valencia, 2016, *passim*.

24 Para el caso de una sociedad limitada adherente, puede verse la *STS núm. 314/2018, de 28 de mayo*, antecedente 3º.1 (ROJ STS 1901/2018).

25 *Vid.* Sheila MARTÍNEZ GÓMEZ: "Condición de no consumidor del fiador, persona física, que tiene vínculos funcionales con la mercantil deudora", en *Boletín de novedades CESCO*, 24 de junio de 2020, pp. 3 y ss.

26 ECLI:EU:C:2015:772.

27 El razonamiento viene reiterado en el *Auto TJUE (Sala Décima) de 14 de septiembre de 2016 (asunto C-534/15)* y en el *Auto TJUE de 27 de abril de 2017 (asunto C-535/16)*.

de pagar la deuda asumida contractualmente por un tercero. Ese compromiso comporta para quien lo asume obligaciones onerosas, que tienen como efecto gravar su propio patrimonio con un riesgo financiero a menudo difícil de calibrar".

4.4.2. Certezas posteriores: el criterio de la ajenidad carente de vínculos funcionales

Desde esta perspectiva, el TJUE argumenta su posición favorable a la consideración prevalente de la condición jurídica de consumidor, con carácter general, en un contrato de garantía siempre y cuando concurra un doble requisito: *a)* que ese consumidor persona física actúe con un propósito ajeno a su actividad profesional y *b)* que carezca, además, de vínculos funcionales con la citada sociedad (apartados 26 a 30):

> "En cuanto a si puede considerarse «consumidor», en el sentido del artículo 2, letra b), de la Directiva 93/13, una persona física que se compromete a garantizar las obligaciones que una sociedad mercantil ha asumido contractualmente frente a una entidad bancaria en el marco de un contrato de crédito, procede señalar que si bien tal contrato de garantía o de fianza puede calificarse, en cuanto a su objeto, de contrato accesorio con respecto al contrato principal del que emana la deuda que garantiza [véase, en el contexto de la Directiva 85/577/CEE del Consejo, de 20 de diciembre de 1985, referente a la protección de los consumidores en el caso de contratos negociados fuera de los establecimientos comerciales (DO L 372, p. 31), la sentencia Dietzinger, C-45/96, EU:C:1998:111, apartado 18], se presenta como un contrato distinto desde el punto de vista de las partes contratantes, ya que se celebra entre personas distintas de las partes en el contrato principal. Por tanto, la calidad en la que las mismas actuaron debe apreciarse con respecto a las partes en el contrato de garantía o de fianza.
>
> A este respecto, procede recordar que el concepto de «consumidor», en el sentido del artículo 2, letra b), de la Directiva 93/13 tiene un carácter objetivo (véase la sentencia Costea, C-110/14, EU:C:2015:538, apartado 21). Debe apreciarse según un criterio funcional, consistente en evaluar si la

relación contractual de que se trata se inscribe en el marco de actividades ajenas al ejercicio de una profesión.

Corresponde al juez nacional que conozca de un litigio relativo a un contrato que pueda entrar dentro del ámbito de aplicación de la citada Directiva verificar, teniendo en cuenta todas las circunstancias del caso y el conjunto de las pruebas, si el contratante de que se trata puede calificarse de «consumidor» en el sentido de dicha Directiva (véase, en este sentido, la sentencia Costea, C-110/14, EU:C:2015:538, apartados 22 y 23).

De este modo, en el caso de una persona física que se constituyó en garante de la ejecución de las obligaciones de una sociedad mercantil, corresponde al juez nacional determinar si dicha persona actuó en el marco de su actividad profesional o por razón de los vínculos funcionales que mantiene con dicha sociedad, como la gerencia de la misma o una participación significativa en su capital social, o bien si actuó con fines de carácter privado.

Dadas estas circunstancias, procede responder a las cuestiones prejudiciales planteadas que los artículos 1, apartado 1, y 2, letra b), de la Directiva 93/13 deben interpretarse en el sentido de que dicha Directiva puede aplicarse a un contrato de garantía inmobiliaria o de fianza celebrado entre una persona física y una entidad de crédito para garantizar las obligaciones que una sociedad mercantil ha asumido contractualmente frente a la referida entidad en el marco de un contrato de crédito, cuando esa persona física actúe con un propósito ajeno a su actividad profesional y carezca de vínculos funcionales con la citada sociedad".

En este mismo sentido se pronuncia la *STS núm. 594/2017, de 7 de noviembre*[28], ocupándose de un caso en que la esposa era coprestataria y garante de las deudas mercantiles de su marido, contraídas en el ejercicio de la actividad empresarial que servía de sustento a la familia, cuyo régimen matrimonial era el de gananciales. También lo hace la *STS núm. 314/2018, de 28 de mayo*[29] en relación con el único de los avalistas de un préstamo mercantil realizado por una entidad de crédito en favor de

[28] Recurso núm. 3282/2014 (FD 4º.2).

[29] ROJ STS 1901/2018 (FD 5º.6).

una sociedad mercantil en el que estima la concurrencia de la condición jurídica de consumidor por no ser socio ni administrador de la sociedad prestataria, lo que excluye la existencia de vínculo funcional con ésta[30]. En la misma línea se desenvuelve el razonamiento contenido en la *Resolución de la Dirección General de los Registros y del Notariado de 13 de junio de 2019*[31], órgano directivo recientemente suprimido[32]:

> "[E]n la actualidad en el Derecho español [...] se entiende que la persona física que se constituye en garante de la ejecución de las obligaciones de una sociedad mercantil no tendrá la condición de «consumidor», en el sentido del artículo 2, letra b), de la Directiva 93/13, cuando el órgano judicial competente aprecie que tal garantía está relacionada con sus actividades comerciales, empresariales o profesionales o se concede por razón de los vínculos funcionales que mantiene con dicha sociedad, como ser socio, administrador o apoderado. En caso contrario, es decir, cuando el fiador actúa con fines de derecho privado, incluso aunque reúna la condición de pariente próximo de los administradores o socios de la mercantil, sí se le reconoce la condición de «consumidor» y toda la protección derivada de la misma.
>
> En consecuencia, no resultando de la documentación presentada que la avalista se encuentre de alguna manera vinculada funcionalmente con los empresarios a quienes se concede el préstamo, debe reconocerse que tiene la condición de consumidora y, por tanto, que la normativa de protección de los consumidores es aplicable al contrato accesorio de aval".

Esta posición aparece reiterada recientemente tanto en la *STS núm. 307/2019, de 3 de junio*[33], excluyendo la condición

---

30 Ver también la *Sentencia del Tribunal Constitucional núm. 75/2017, de 19 de junio*, BOE núm. 171, de 19 de julio.

31 BOE núm. 163, de 9 de julio de 2019.

32 *Cfr*. el artículo 2.2 del *Real Decreto 139/2020, de 28 de enero, por el que se establece la estructura orgánica básica de los departamentos ministeriales*. Pasa a denominarse Dirección General de Seguridad Jurídica y Fe Pública *ex* artículo 7 del *Real Decreto 453/2020, de 10 de marzo, por el que se desarrolla la estructura orgánica básica del Ministerio de Justicia, y se modifica el Reglamento del Servicio Jurídico del Estado, aprobado por el Real Decreto 997/2003, de 25 de julio*.

33 ROJ STS 1727/2019 (FD 3º).

de consumidor para un prestatario sociedad limitada, como en la *STS núm. 203/2020, de 28 de mayo*[34] para una sociedad prestataria unipersonal que recibe un préstamo bancario coavalado solidariamente por el socio único y su esposa, que estaban casados en régimen legal de gananciales, aun desestimando *in casu* la concurrencia de ajenidad en la esposa:

> "No obstante, lo determinante es que la Sra. Angelina es cotitular del capital social de la compañía mercantil deudora. De tal manera que, aunque no hubiera firmado el préstamo como fiadora solidaria, al haberlo hecho su esposo, responde ganancialmente por la fianza de éste, como recogimos en la sentencia 594/2017, de 7 de noviembre [...]. Como consecuencia de ello, no puede predicarse respecto de la recurrente la ajenidad a la finalidad empresarial del préstamo que excluiría la vinculación funcional y permitiría reconocerle la cualidad legal de consumidora, conforme al art. 3 TRLGCU. Por lo que la sentencia recurrida no infringe dicho precepto".

En el mismo orden de cosas, la *STS núm. 599/2020, de 12 de noviembre*[35] también aplica el criterio de prevalencia de la condición de consumidor en el primer pronunciamiento que realiza el alto tribunal sobre un supuesto de hecho en el que el régimen económico matrimonial no es el de gananciales, sino el de separación de bienes[36]. La doctrina que se estable-

[34] Recurso núm. 3120/2017 (FD 4º.3).

[35] ROJ STS 3631/2020 (FD 4º.6).

[36] En el supuesto enjuiciado, los cónyuges estaban casados en régimen de separación de bienes conforme a la legislación civil catalana, por lo que resulta de aplicación el artículo 232-1 de la ley 25/2010, de 29 de julio, del libro segundo del Código Civil de Cataluña (CCC), relativo a la persona y la familia, pese a lo cual el Tribunal Supremo deja claro que "*la competencia estatal exclusiva sobre legislación mercantil* ampara la existencia de una normativa estatal sobre régimen económico matrimonial específica cuando uno de los cónyuges es comerciante, pues el concepto constitucional de legislación mercantil incluye la regulación del concepto de comerciante, su capacidad y su régimen de responsabilidad frente a terceros. De ello, se colige, a los efectos del caso que nos ocupa, que, *en primer lugar, se aplican los arts. 6 a 12 CCom, con preferencia a las normas del Código Civil de Cataluña, que serán supletorias del Código de Comercio*. No obstante, *esta supletoriedad es de gran relevancia* para la aplicación de tales arts. 6 y 9 CCom, en caso de régimen de separación de bienes, en cuanto que influyen en la determinación de *qué bienes son propios del empresario comerciante* y quedan sujetos a las resultas del comercio, y *cuáles son bienes propios de su cónyuge*, por lo que, para quedar vinculados, se requerirá

ce es que "a falta de prueba sobre el consentimiento expreso de los cónyuges en [régimen de] separación de bienes para el ejercicio del comercio por sus respectivos cónyuges, no cabe negarles la condición legal de consumidores".

La citada sentencia ofrece, además, el valor añadido de sintetizar la doctrina de la Sala[37] sobre el concreto problema de la vinculación funcional de los fiadores con el deudor principal a efectos de su calificación como consumidores:

> "De [las citadas] resoluciones previas podemos extraer las siguientes reglas:
>
> a) Cuando el fiador es administrador o gerente de la persona jurídica deudora principal no puede tener la condición de consumidor, porque tiene vinculación funcional con dicha persona jurídica y, por tanto, con la operación financiera o crediticia.
>
> b) Si el fiador tiene una participación significativa en la sociedad deudora, también tiene vinculación funcional y no puede ser consumidor.
>
> c) Cuando el fiador es cónyuge en régimen de gananciales del deudor principal, tampoco es consumidor, porque responde de las deudas comunes y puede que participe de los

el consentimiento expreso de este. En lo que respecta a los bienes comunes, no son aplicables las presunciones de los arts. 7 y 8 CCom, en cuanto que están previstas para regímenes de comunidad, donde existe una comunidad de tipo germánico de los bienes gananciales. *Cuando el régimen es el de separación de bienes catalán, los bienes en común lo son en comunidad tipo romana, por lo que, para vincularlos íntegramente a las resultas del comercio (en cuanto a la mitad indivisa del cónyuge no comerciante) es necesario el consentimiento de ambos cónyuges.* Es decir, no bastaría el simple conocimiento al que se refiere la Audiencia Provincial, sino que se requeriría consentimiento expreso inscrito en el Registro Mercantil, a tenor del art. 11 CCom." (FD 4º.5). *Cfr.*, sobre esta cuestión, Lucía DEL SAZ DOMÍNGUEZ: "¿Puede el fiador de una sociedad (cónyuge del administrador) invocar normas de protección al consumidor?", en *Boletín de novedades CESCO*, 15 de diciembre de 2020, en cuyo criterio "*la solución alcanzada por el Alto Tribunal* (que considera consumidores a los fiadores cónyuges en régimen de separación de bienes de los administradores de la compañía –socios al 50%–) no resulta exclusivamente aplicable a aquellos supuestos del Derecho Civil Especial de Cataluña, sino que *también deberá aplicarse a los casos en que el régimen de separación de bienes se rija por nuestro Código Civil*" (p. 6).

[37] FD 3º.2.

beneficios de la sociedad en forma de dividendos, lo que supone vinculación funcional con la sociedad mercantil.

d) Cuando el fiador persona física no tiene cargo orgánico o societario alguno que le vincule con la sociedad deudora, no tiene una participación significativa en dicha sociedad, no responde de las deudas de su cónyuge en régimen de separación de bienes y no desempeña actividad profesional relacionada con la operación afianzada, sí puede tener la cualidad legal de consumidor".

La *STS núm. 213/2021, de 19 de abril*[38] también establece que "en este caso los fiadores tienen la cualidad de consumidores, porque [a] ni tuvieron participación directa en el negocio para cuya financiación se solicitó el préstamo (una actividad profesional de la hija), [b] ni tenían ninguna vinculación funcional con el mismo (administradores, gerentes, cónyuges que deban responder legalmente de la deuda...)", aunque termina concluyendo que "para que los fiadores consumidores pudieran beneficiarse de la inoponibilidad de la cláusula abusiva frente a ellos, sería condición necesaria que la cláusula discutida hubiera sido calificada como tal. Lo que no ha sucedido[39]".

Las consideraciones anteriores permiten llegar a la conclusión de que el concepto jurídico de consumidor, en tanto en cuanto atribuye tal condición merced a la posición "objetiva" que ocupa una persona en un contrato determinado de acuerdo con la naturaleza y finalidad de éste[40], tiene una configuración jurisprudencial progresiva que implica la necesidad de realizar interpretaciones extensivas "*pro consumatore*", como ha manifestado expresamente la *Resolución de la Dirección General de los Registros y del Notariado de 29 de septiembre de 2014*[41]:

"[S]e debe procurar una interpretación de las normas «pro *consumatore*», que impide la interpretación literal, como pretende el recurrente, sino que, contrariamente, ha de favo-

38 Recurso núm. 3956/2017, FD 2º.3.

39 FD 3º.3.

40 *STS núm. 548/2018, de 5 de octubre* (FD 2º) Recurso núm. 265/2016.

41 BOE núm. 260, de 27 de octubre de 2014.

> recer la información y por ende la *protección* del usuario de servicios financieros".

Esto es, sustancialmente, lo que hemos denominado *principio de prevalencia de la condición jurídica de consumidor en situaciones complejas*[42], caracterizadas básicamente por presentar algunas notas típicas de la actividad económica profesional compatibles, sin embargo, con la regla de la ajenidad desde una perspectiva global, es decir, en rango no suficiente para excluir la condición jurídica de consumidor en un adquirente de bienes y servicios[43].

---

[42] *Vid.* Jorge TOMILLO URBINA: "La responsabilidad por la prestación de servicios a través de plataformas de intermediación *on line*", en *Dimensiones éticas y jurídicas de la inteligencia artificial en el marco del Estado de Derecho*, Cuadernos de la Cátedra de Democracia y Derechos Humanos –núm. 16– (J.I. Solar Cayón dir.), ed. Universidad de Alcalá-Defensor del Pueblo, Alcalá de Henares (Madrid), 2020, pp. 337 y ss.

[43] Ver *supra*, 3.

5. La dimensión objetiva de la asimetría posicional

En el plano objetivo, la asimetría posicional de las partes en el contrato es abordada, desde una perspectiva estrictamente jurídica, por la moderna disciplina de la contratación en régimen de condiciones generales predispuestas, impuestas y uniformes[44]. El legislador europeo[45] no parece conformarse con la idea neoliberal de que el mercado, a través de la competencia entre predisponentes, protege suficientemente a los consumidores en relación con las cláusulas siempre que éstos sean conscientes de su contenido y tengan capacidad para compararlas con las de otros competidores.

En la dirección señalada, el Tribunal Supremo español[46] entiende más bien lo contrario:

---

[44] *Vid.* Ley 7/1998, de 13 de abril, de Condiciones generales de la contratación (art. 1.1). En relación con el proceso de elaboración de la Ley, puede verse Aurelio MENÉNDEZ MENÉNDEZ: "El proceso de elaboración de la disciplina sobre condiciones generales en nuestro ordenamiento", en *Comentarios a la Ley de Condiciones Generales de la Contratación* (A. Menéndez/L. Díez-Picazo dirs.), Madrid, 2002, pp. 50-59. Para Luis DÍEZ-PICAZO: "Artículo 2. Ámbito subjetivo", en *Comentarios a la Ley de Condiciones Generales de la Contratación* (A. Menéndez/L. Díez-Picazo dirs.), Madrid, 2002, p. 142, una de las características más notables del texto consiste "en haber *separado* la regulación de las condiciones generales de la contratación y la de las cláusulas abusivas en contratos celebrados con consumidores", si bien es cierto que en los contratos de adhesión con consumidores convergen ambos ámbitos de protección.

[45] *Vid.* los Considerandos de la Directiva 93/13/CEE, de 5 de abril de 1993, sobre cláusulas abusivas en los contratos celebrados con consumidores.

[46] *Cfr. STS núm. 222/2015, de 29 de abril,* Sala Primera (recurso núm. 1072/2013; ROJ STS 2207/2015), Fundamento jurídico 9º.6.

"En todo caso, el hecho de que se trate de una oferta hecha a un determinado colectivo, lo que no es infrecuente en este tipo de servicios, y que la demandante haya solicitado concertar el contrato de préstamo en los términos previstos en esa oferta, no elimina el carácter de cláusula no negociada individualmente de las estipulaciones que integran el contrato. *La negociación individual* presupone la existencia de un poder de negociación en el consumidor, que tiene que ser suficientemente justificado por cuanto que se trata de un hecho excepcional, y *no puede identificarse con que el consumidor pueda tener la opción de elegir entre diversos productos ofertados por ese predisponente, o entre los ofertados por los diversos empresarios o profesionales que compiten en el mercado.* De no ser así, estaríamos confundiendo la ausencia de negociación con la existencia de una situación de monopolio en el oferente de determinados productos o servicios, o de una única oferta en el predisponente, lo que ya fue rechazado en la sentencia núm. 241/2013, de 9 de mayo".

Sentada esta base[47], el Tribunal Supremo sitúa el fundamento de la protección de las posiciones jurídicas asimétricas en un plano objetivo, determinado por la *imposición* o imposibilidad de negociar[48]:

"Que el consumidor tenga una mayor o menor formación tampoco excluye el carácter impuesto de una condición general. *La protección que el ordenamiento jurídico da a los consumidores y usuarios no está condicionada a que concurra en los mismos una situación de desvalimiento o ignorancia.* Y el empleo de condiciones generales, como se ha visto, es propio de la contratación en masa de bienes y servicios de uso común, sin que la mayor formación del consumidor incida en la posibilidad de negociarlas".

---

[47] Más recientemente, puede verse la *Sentencia de la Audiencia Provincial de Madrid (Sección 28ª) núm. 347/2020, de 13 de julio* (ROJ: SAP M 7726/2020), FD 2º. La resolución contiene unas consideraciones de deliciosa lectura en orden a dilucidar si el símbolo consistente en un apóstrofo o comilla alta (') tiene –o no– un significado normalizado y convencionalmente aceptado dentro de la ciencia matemática (FD 4º).

[48] *Ibíd.*, Fundamento jurídico 9º.10.

6. Voluntarismo judicial vs. Principio de legalidad

Este planteamiento es plenamente ajustado a la normativa de la Unión Europea en materia de protección jurídica de los consumidores, y a la jurisprudencia del Tribunal de Justicia de la Unión Europea. El concepto de condiciones generales de la contratación como cláusulas no negociadas (alternativa al sistema de autonomía de la voluntad) y la diferencia que separa la negociación de la mera posibilidad de elección entre diversos productos ofertados por el predisponente o por otros competidores del predisponente en el mercado, es sobradamente conocida y asentada en la cultura jurídica europea desde hace tiempo. También lo es el punto de partida, situado en la vulnerabilidad del adherente como consecuencia de la prerredacción seriada de cláusulas contractuales, lo que reclama el establecimiento de mecanismos de control que pongan freno a los múltiples abusos que tomarían forma al calor de la unilateralidad, empezando por tratar los intentos de negar, en ocasiones de manera burda, su carácter no negociado. Como pone de relieve la citada *STS núm. 222/2015, de 29 de abril*[49]:

[49] ROJ STS 2207/2015, FD 7º.4. Causa asombro que, bien avanzado el año 2021, algunas entidades de crédito tengan el temple de encabezar su estrategia procesal con la proclamación de que las escrituras de formalización de productos bancarios tóxicos son *"el resultado de específicas y extensas negociaciones entre la parte actora y mi representada"*. Véase el recurso de apelación presentado por la representación legal de Banco Santander en el *Procedimiento Ordinario 084/2021*, con fecha 28 de abril de 2021, en el Juzgado de Primera Instancia nº 6 de Oviedo

"Es un hecho notorio que en determinados sectores (bancario, seguros, suministros de energía, teléfono e internet, primera venta de vivienda, etc.) la contratación de las empresas y profesionales con los consumidores y usuarios se realiza mediante el *uso de condiciones generales de la contratación predeterminadas e impuestas por la empresa o el profesional.* Quien pretende obtener los productos o servicios en estos sectores deberá aceptar las condiciones generales impuestas por el oferente o renunciar a contratar con él. Tal circunstancia no solo resulta corroborada por la constatación empírica, sino que responde también a *la propia lógica de la contratación en masa*, que no sería posible si cada contrato hubiera de ser negociado individualmente".

La consecuencia de esto no es otra que la presunción de no negociación[50] en los sectores que habitualmente utilizan cláusulas prerredactadas en la contratación seriada:

"Por tanto, para que se acepte que las cláusulas de los contratos celebrados con los consumidores en estos sectores de la contratación no tienen el carácter de condiciones generales, o de cláusulas no negociadas, y se excluya el control de abusividad, no basta con incluir en el contrato predispuesto un epígrafe de "condiciones particulares" o *menciones estereotipadas y predispuestas* que afirmen su carácter negociado (sobre la ineficacia de este tipo de menciones predispuestas por el predisponente, *vacías de contenido real* al resultar contradichas por los hechos, nos hemos pronunciado en las sentencias núm. 244/2013, de 18 abril, y 769/2014, de 12 de enero de 2015) ni con afirmar sin más en el litigio que la cláusula fue negociada individualmente.

Para que se considere que la cláusula fue negociada *es preciso* [a)] *que el profesional o empresario explique y justifique las razones excepcionales que llevaron a que la cláusula fuera negociada individualmente con ese concreto consumidor, en contra de lo que, de modo notorio, es habitual en estos sectores de la contratación y responde a la lógica de la contratación en masa, y* [b)] *que se pruebe cumplidamente la existencia de tal*

---

para ante la Audiencia Provincial de Asturias (alegación primera), en materia de control de transparencia sobre cláusulas de gastos.

[50] FD 7º.5 y el artículo 3.2.III de la Directiva 93/13/CEE.

negociación y las contrapartidas que ese concreto consumidor obtuvo por la inserción de cláusulas que favorecen la posición del profesional o empresario. Si tales circunstancias no son expuestas y probadas, carece de sentido suscitar la cuestión del carácter negociado de la cláusula, como se ha hecho en este caso, y como se hace con frecuencia en este tipo de litigios, porque carece manifiestamente de fundamento, y está justificado que en estos casos el órgano judicial rechace la alegación sin necesidad de argumentaciones extensas".

Y parece evidente que la *imposición* de una cláusula prerredactada no exige una conducta de resistencia "heroica" por parte del consumidor[51]:

> "Hay "*imposición*" de una cláusula contractual, a efectos de ser considerada como condición general de la contratación, *cuando la incorporación de la cláusula al contrato se ha producido por obra exclusivamente del profesional o empresario.* Así resulta de lo previsto en el art. 3.2 de la Directiva 1993/13/CEE. *No es necesario que el otro contratante esté obligado a oponer resistencia, ni que el consumidor carezca de la posibilidad de contratar con otros operadores económicos que no establezcan esa cláusula.* La imposición supone simplemente que la cláusula predispuesta por una de las partes no ha sido negociada individualmente. Así lo declaramos en la sentencia núm. 241/2013, de 9 de mayo, apartado 150".

También es sobradamente conocido que las cláusulas sobre los elementos esenciales del contrato no pierden por ello su carácter de condiciones generales de la contratación, ni quedan excluidas de la normativa sobre cláusulas abusivas.

---

[51] FD 9º.9. Lejos queda la desafortunada *STS núm. 35/1998 de 31 de enero* (recurso núm. 68/1994), FD 3º: "*No es suficiente*, pues, que el consumidor o usuario *no haya podido influir* sobre el contenido de la cláusula, se le exige que no haya podido eludir su aplicación, en otras palabras, no una actitud meramente pasiva. [...] *no basta que existan cláusulas prerredactadas unilateralmente.* El adherente debe *probar* que *"intentó evitar la aplicación de las condiciones generales que reputa nulas"*. Este pronunciamiento reviste especial gravedad si se tiene en cuenta que ya estaba vigente el artículo 3.2 de la Directiva 93/13/CEE. Incluso se llega a calificar, con evidente ligereza, la conducta de un adherente que abre tres cuentas corrientes en tres bancos distintos *"como provocadora del pleito, cuyos intereses no merecen absolutamente ninguna protección"* (sic.), por esa principal razón.

Cuestión distinta es si esas condiciones generales son susceptibles de control de abusividad en términos diferentes del resto de condiciones generales[52].

Por eso me parece incomprensible que en el debate procesal suscitado como consecuencia de la célebre –y celebrada– *STS* núm. 241/2013, de 9 de mayo[53], más conocida como "la de las cláusulas suelo", una de las entidades de crédito que formulan alguno de los recursos de casación posteriores[54] lo haga argumentando[55] que el control de transparencia introducido en la citada sentencia:

> "[C]arece de base jurídica y *responde al mero voluntarismo de la Sala*, pues no tiene anclaje en ninguna norma, nacional o comunitaria europea, ni en la jurisprudencia del actualmente denominado Tribunal de Justicia de la Unión Europea".

Esta anacrónica estrategia argumental, centrada en la confusión –interesada o no– entre exégesis y creación judicial del derecho, es refutada con contundencia por el propio Tribunal Supremo[56]:

---

52 FD 11º.3.

53 Recurso núm. 485/2012.

54 Se trata de Cajasur Banco SAU, antes BBK Bank Cajasur SAU.

55 *STS núm. 138/2015, de 24 de marzo*, Sala Primera (recurso núm. 1765/2013), FD 3º.2.

56 *STS núm. 138/2015 cit.*, FD 3º.6. Es conocida la falta de rigor y la *doblez* con que algunas entidades de crédito fundamentan su estrategia procesal, quizá porque sus acciones no van dirigidas principalmente a la obtención de una sentencia estimatoria de sus pretensiones, sino más bien a *desincentivar* a posibles reclamantes o, cuando menos, a *demorar* el mayor tiempo posible el momento en que –inevitablemente– ha de producirse la restitución efectiva de las enormes cantidades de dinero que han percibido ilegalmente de su clientela, según jurisprudencia consolidada del Tribunal de Justicia de la Unión Europea y del propio Tribunal Supremo español. Conviene, pues, *inundar de papel* –como sea– los juzgados y tribunales de justicia *litigando pertinaz e irresponsablemente* para ralentizar –todavía más– sus tiempos de respuesta, aun a riesgo de provocar saturación o colapso, al margen del daño reputacional. Un insólito botón de muestra de abuso del servicio público de justicia podemos encontrarlo en la sorprendente publicación en CENDOJ de *veintisiete* sentencias del Tribunal Supremo, fechadas entre los días 11 y 18 de mayo de 2021, desestimando los correspondientes recursos de casación, en materia de cláusulas abusivas, por concurrencia de causa de inadmisión con-

"La Sala, en la sentencia núm. 241/2013, no ha realizado una labor de "creación judicial del Derecho" que exceda de su función de complemento del ordenamiento jurídico que le asigna el art. 1.6 del Código Civil, sino que *ha interpretado la normativa interna a la luz de la letra y la finalidad de la Directiva 93/13/CEE, tal como esta ha sido interpretada por la jurisprudencia del TJUE*".

En definitiva, si la reciente jurisprudencia consolidada establece con toda claridad que la imposibilidad de negociar una cláusula contractual seriada *(asimetría posicional)* justifica el hecho de obligar al legislador –y, transitivamente, al

sistente en que en el encabezamiento de los motivos no se cita norma legal alguna que haya sido infringida en la sentencia recurrida. Así se declara en la *STS núm. 279/2021, de 11 de mayo* (recurso núm. 4140/2017), FD 1º, la *STS núm. 280/2021, de 11 de mayo* (recurso núm. 4204/2017), FD 1º, la *STS núm. 281/2021, de 11 de mayo* (recurso núm. 4298/2017), FD 1º, la *STS núm. 282/2021, de 11 de mayo* (recurso núm. 4302/2017), FD 1º, la *STS núm. 283/2021, de 11 de mayo* (recurso núm. 4680/2017), FD 1º, la *STS núm. 284/2021, de 11 de mayo* (recurso núm. 4723/2017), FD 1º, la *STS núm. 285/2021, de 11 de mayo* (recurso núm. 5071/2017), FD 1º, la *STS núm. 292/2021, de 11 de mayo* (recurso núm. 694/2016), FD 2º, la *STS núm. 293/2021, de 11 de mayo* (recurso núm. 1797/2017), FD 1º, la *STS núm. 297/2021, de 12 de mayo* (recurso núm. 2178/2017), FD 1º, la *STS núm. 298/2021, de 12 de mayo* (recurso núm. 2614/2017), FD 1º, la *STS núm. 299/2021, de 12 de mayo* (recurso núm. 3783/2017), FD 1º, la *STS núm. 300/2021, de 12 de mayo* (recurso núm. 3886/2017), FD 1º, la *STS núm. 301/2021, de 12 de mayo* (recurso núm. 4718/2017), FD 1º, la *STS núm. 313/2021, de 13 de mayo* (recurso núm. 3908/2018), FD 2º, la *STS núm. 314/2021, de 13 de mayo* (recurso núm. 4109/2018), FD 2º, la *STS núm. 316/2021, de 14 de mayo* (recurso núm. 6/2018), FD 1º, la *STS núm. 317/2021, de 14 de mayo* (recurso núm. 9/2018), FD 1º, la *STS núm. 318/2021, de 14 de mayo* (recurso núm. 12/2018), FD 1º, la *STS núm. 319/2021, de 14 de mayo* (recurso núm. 318/2018), FD 1º, la *STS núm. 320/2021, de 14 de mayo* (recurso núm. 387/2018), FD 1º, la *STS núm. 321/2021, de 14 de mayo* (recurso núm. 2890/2018), FD 2º, la *STS núm. 322/2021, de 17 de mayo* (recurso núm. 968/2018), FD 1º, la *STS núm. 323/2021, de 17 de mayo* (recurso núm. 1535/2018), FD 1º, la *STS núm. 324/2021, de 17 de mayo* (recurso núm. 1700/2018), FD 1º, la *STS núm. 326/2021, de 17 de mayo* (recurso núm. 2958/2018), FD 1º, y la *STS núm. 333/2021, de 18 de mayo* (recurso núm. 4488/2017), FD 1º. De las *veintisiete* sentencias desestimatorias citadas –con condena en costas y pérdida de depósito– *veintiuna* corresponden a recursos interpuestos por la misma entidad: Ibercaja Banco, SA. De las seis resoluciones restantes, tres corresponden a recursos presentados por CaixaBank, SA, una más por Caja Rural de Extremadura, Sociedad Cooperativa de Crédito y las dos que faltan hacen referencia a sendos recursos interpuestos por particulares. Se trata de una *actitud obstruccionista inaceptable* que –a pesar de no tener alcance general en el sector bancario– debería ser penalizada para evitar infligir todavía más daño a las instituciones y también a su maltrecha clientela.

juzgador– a complementar la insuficiente protección que el mercado ofrece al adherente con independencia de su formación –o de su falta de formación– o de su espíritu *"batallador"*, podemos afirmar, sin incurrir en ningún género de imprudencia, que el moderno derecho patrimonial europeo consagra de forma novedosa e irreversible su compromiso con el allanamiento de las asimetrías mediante la implantación de soluciones novedosas basadas en la equidad. Y ello en un ámbito tradicionalmente gobernado por el principio clásico de autonomía de la voluntad[57], que proclamaba históricamente la suficiencia del consentimiento para la protección de los intereses de los contratantes, identificados a menudo con los intereses de los *acreedores*.

[57] En este sentido puede verse la *STS núm. 16/2021, de 19 de enero* (recurso núm. 305/2018), recordando que "los controles de transparencia y abusividad del contenido son aplicables a las *cláusulas no negociadas* en los contratos celebrados con consumidores. Por tanto, *si una cláusula ha sido negociada, no son aplicables estos controles. La condición de consumidor de uno de los contratantes no excluye la aplicación de esta regla*" (FD 2º.3). También la *STS núm. 213/2021, de 19 de abril* (recurso núm. 3956/2017), FD 3º.3.

7. La STJUE de 16 de julio de 2020

Esta evolución jurisprudencial recibe un importante impulso a raíz de la reciente *Sentencia del Tribunal de Justicia de la Unión Europea (Sala Cuarta) de 16 de julio de 2020 (asuntos acumulados C224/19 y C259/19)*[58], que se pronuncia sobre la abusividad de una cláusula no negociada[59] que impone al consumidor[60] el pago de la totalidad de los gastos de constitución

[58] ECLI:EU:C:2020:578. La STJUE responde a la *Petición de decisión prejudicial presentada por el Juzgado de Primera Instancia nº 17 de Palma de Mallorca (España) el 14 de marzo de 2019-CY/Caixabank SA*. DOUE 2019/C-246/05.

[59] La *STS núm. 192/2021, de 6 de abril* (recurso núm. 1553/2018), establece que "*la declaración unilateral*, redactada por el abogado y firmada por el cliente, que se añade a la relación contractual de prestación de servicios jurídicos de aquel abogado, *tiene una consideración equivalente a si esa declaración apareciera contenida en un contrato escrito junto a otras cláusulas contractuales* (FD 2º.3).

[60] La verticalidad del control de abusividad viene destacada en la *STS núm. 39/2021, de 2 de febrero* (recurso núm. 1981/2018): "Hay que advertir, por otra parte, que no procede analizar en el presente caso la posible abusividad de la cláusula de vencimiento anticipado prevista en el préstamo hipotecario, pues no estamos ante una pretensión de vencimiento anticipado al amparo de una cláusula contractual, sino ante la solicitud de vencimiento anticipado *con fundamento en las causas previstas legalmente* [se refiere, principalmente, al artículo 1129 del Código Civil]. Por lo demás, ha quedado probado que *los demandados no son consumidores, pues el préstamo tenía por objeto dotar de fondos a la empresa que regentaban*" (FD 4º.1.III). Ver también la *STS núm. 130/2021, de 9 de marzo* (recurso núm. 4929/2017), FD 4º.6. Desde otra perspectiva, puede verse la *STS núm. 218/2021, de 20 de abril* (recurso núm. 3592/2018), FD 2º.2.4. En las relaciones jurídicas horizontales (interempresariales) únicamente cabe aplicar el control de incorporación o de inclusión (arts. 5 y 7 de la LCGC 7/1998), que "es, fundamentalmente, un *control de cognoscibilidad*. Lo que requiere, en primer lugar, que el adherente haya tenido oportunidad real de conocer al tiempo de la celebración del contrato la existencia de la condición general controvertida y, en segundo lugar, que la misma tenga una redacción clara, concreta y sencilla, que permita una comprensión gramatical normal". *Cfr.* la *STS núm. 395/2021, de 9 de junio* (recurso núm. 372/2018),

y cancelación de una hipoteca constituida para garantizar la adquisición de un inmueble destinado a residencia habitual del adquirente consumidor.

En la sentencia se plantean diversas cuestiones que contradicen determinados aspectos de la jurisprudencia un tanto restrictiva que el Tribunal Supremo español viene estableciendo en recientes sentencias[61]. Podemos comentar las cuestiones referidas siguiendo la sistemática de agrupación aplicada en aquella por el TJUE.

7.1. Devolución de las cantidades abonadas en virtud de una cláusula declarada nula por abusiva

Se encuadra la cuestión con la consideración de que la jurisprudencia europea es constante al afirmar que, una vez que se declara el carácter abusivo de una cláusula y, por lo tanto, su nulidad, el juez nacional debe, con arreglo al artículo 6.1 de la Directiva 93/13/CEE, dejar sin aplicación dicha cláusula con el fin de que no produzca efectos vinculantes para el consumidor, salvo si este se opone a ello[62], de donde se sigue[63] que al juez nacional no debe atribuírsele la facultad de modificar *(moderar)* el contenido de las cláusulas abusivas, pues de otro modo se podría contribuir a eliminar el efecto disuasorio que ejerce sobre los profesionales el hecho de que, pura y

FD 2º.1, la *STS núm. 405/2021, de 15 de junio* (recurso núm. 4921/2018), FD 4º.1 y la *STS núm. 506/2021, de 7 de julio* (recurso núm. 1081/2017), sobre un préstamo hipotecario contratado para financiar inversiones empresariales del deudor, con interesantes consideraciones sobre los principios de justicia rogada y congruencia, y con una curiosa explicación del principio de contravención legal perjudicial contenido en el artículo 8.1 LCGC (FD 3º).

[61] *Cfr. v.gr.: STS núm. 44/2019, de 23 de enero* (recurso núm. 2982/2018); *STS núm. 46/2019, de 23 de enero* (recurso núm. 2128/2017); *STS núm. 47/2019, de 23 de enero* (recurso núm. 4912/2017); *STS núm. 48/2019, de 23 de enero* (recurso núm. 5025/2017); *STS núm. 49/2019, de 23 de enero* (recurso núm. 5298/2017).

[62] Apartado 50 y jurisprudencia citada.

[63] Apartado 51.

simplemente, tales cláusulas abusivas no se apliquen frente a los consumidores[64]. La consecuencia de este planteamiento es pasar a considerar que, en principio, una cláusula contractual declarada abusiva nunca ha existido, de manera que no podrá tener efectos frente al consumidor[65].

---

[64] *Cfr.* la importante modificación que introduce la *Ley 3/2014, de 27 de marzo*, en el artículo 83 del *Texto Refundido de la Ley General para la Defensa de los Consumidores y Usuarios, aprobado por el Real Decreto Legislativo 1/2007, de 16 de noviembre*, con el objeto de dar cumplimiento a la *STJUE (Sala Primera) de 14 de junio de 2012 (asunto C-618/10)*, que declara el incumplimiento del Derecho de la Unión por parte del ordenamiento interno español al entender que el citado precepto eliminaba dicho efecto disuasorio, incentivando conductas abusivas en los profesionales predisponentes.

[65] Téngase en cuenta que la nulidad parcial -*vitiatur sed non vitiat*- de la cláusula ha de instrumentarse ejercitando la acción de nulidad fundada en el carácter abusivo de dicha cláusula. Si lo que se ejercita es una acción de nulidad parcial con fundamento en la existencia de un vicio en el consentimiento que pudiera ser calificado de sustancial, relevante e inexcusable, de estimarse la nulidad ésta afectaría a la totalidad del contrato. *Cfr. STS núm. 666/2020, de 11 de diciembre* (recurso núm. 2080/2018) FD 2º, a cuyo tenor: "*1. Formulación del motivo.* El motivo denuncia la infracción del art. 1266 CC, por imposibilidad de declarar la nulidad parcial de un contrato de préstamo cuando la acción ejercitada está fundada en un vicio del consentimiento. Procede estimar el motivo por las razones que exponemos a continuación. *2. Estimación del motivo.* El demandante en su demanda ha ejercitado una acción de nulidad parcial del contrato de cuenta de crédito hipotecario concertado en yenes japoneses con posibilidad de cambio de divisa, nulidad que afectaría sólo a la moneda en que se concertó el crédito y al cambio de divisa. *La acción de nulidad ejercitada y estimada por la sentencia de primera instancia y confirmada por la de apelación, se basaba en la existencia de un vicio en el consentimiento, generado por un defecto de información sobre el producto y sus riesgos.* Conforme a la jurisprudencia de esta Sala, si se llegara apreciar, como hace el tribunal de instancia, error en el consentimiento prestado por demandante, porque desconocía los riesgos que entrañaba haber referenciado la cuenta de crédito a la moneda del yen japonés (su depreciación frente al euro), y pudiera ser calificado de sustancial, relevante e inexcusable, *viciaría la totalidad del contrato, pero no sólo la parte correspondiente a la divisa en que se concertó el préstamo con la subsistencia del resto del contrato* (sentencias 450/2016, de 1 de julio, 66/2017, de 2 de febrero, 4/2019, de 9 de enero, y, más recientemente sentencia 490/2020, de 24 de septiembre). *Las sentencias invocadas por la parte recurrida para justificar la posibilidad de una nulidad parcial que afectara únicamente a las cláusulas relativas al opción multidivisa no resultan de aplicación a este caso, pues la acción ejercitada en aquellos casos era distinta, la de nulidad fundada en el carácter abusivo de las cláusulas relacionadas con la opción multidivisa, y esa acción no ha sido ejercitada en este caso.* Procede por lo tanto estimar el motivo y casar la sentencia, en el sentido de estimar la apelación y desestimar la acción de nulidad parcial del contrato de cuenta de crédito multidivisa, sin que se aprecie que se haya ejercitado ninguna otra

Por consiguiente, la declaración judicial del carácter abusivo de tal cláusula debe tener como consecuencia, en principio, el restablecimiento de la situación de hecho y de Derecho en la que se encontraría el consumidor de no haber existido dicha cláusula[66]. De esta manera, argumenta el TJUE que la función del juez nacional es comprobar el carácter abusivo de la cláusula considerada, a fin de evitar que vincule al consumidor, siendo obligación del juzgador *dejar sin aplicación* una cláusula contractual abusiva que imponga el pago de importes que resulten ser cantidades indebidamente pagadas. Si esto es así, parece claro que se genera, en principio, el correspondiente *efecto restitutorio* en relación con tales importes[67].

---

acción subsidiaria". Más recientemente, se pronuncia en el mismo sentido la *STS núm. 80/2021, de 15 de febrero* (recurso núm. 4030/2018), FD 3º.4, y la *STS núm. 90/2021, de 17 de febrero* (recurso núm. 3284/2018), FD 2º.2, aunque para un préstamo hipotecario contratado por una mercantil integrando un derivado implícito que afectaba a la determinación de los intereses. También la *STS núm. 341/2021, de 18 de mayo* (recurso núm. 3685/2018), FD 3º y la *STS núm. 390/2021, de 8 de junio* (recurso núm. 4976/2017), FD 5º, aun desestimando el motivo casacional por plantear una cuestión nueva no analizada en la instancia ni en la apelación.

Por otro lado, la *STS núm. 84/2021, de 16 de febrero* (recurso núm. 1472/2018), FD 3º, establece que "el examen de oficio [de las cláusulas abusivas] afectará únicamente [a] aquellas cláusulas contractuales que, aunque no hayan sido impugnadas por el consumidor en su demanda, estén *vinculadas al objeto del litigio tal como las partes lo hayan definido*, a la vista de las pretensiones que hayan formulado y de sus motivos" –con cita de la *STJUE (Sala 3ª) de 11 de marzo de 2020 (asunto C-511/17)* [ECLI:EU:C:2020:188], apartados 28-34– para terminar concluyendo que *"si en la demanda no se llegó a formular ninguna pretensión de nulidad relacionada con la legislación de consumidores, ni se pretendió la realización de los controles de transparencia y abusividad, esta inactividad no puede ser suplida por los tribunales"*. Desde otra perspectiva, la *STJUE (Sala 4ª) de 9 de julio de 2020 (asunto 452/18)* [ECLI:EU:C:2020:536], establece que "la Directiva 93/13 no llega hasta el extremo de hacer obligatorio el sistema de protección contra la utilización de cláusulas abusivas por los profesionales que ha instaurado en beneficio de los consumidores. Por consiguiente, *cuando el consumidor prefiera no valerse de este sistema de protección, el mismo no se aplicará*" (apartado 26).

[66] Apartado 52 y *STJUE (Gran Sala) de 21 de diciembre de 2016 (asuntos acumulados C154/15, C307/15 y C308/15)*; ECLI:EU:C:2016:980.

[67] Apartado 53. Pueden verse también las *Conclusiones del abogado general Evgeni Tanchev presentadas el 15 de julio de 2021 (Asunto C-869/19)* [ECLI:EU:C:2021:617]: «El artículo 6, apartado 1, de la Directiva 93/13/CEE del Consejo, de 5 de abril de 1993, sobre las cláusulas abusivas en los contratos celebrados con consumidores, debe interpretarse, a la luz del principio de efectividad, en el sentido de que se opone a la aplicación de los principios procesales de justicia

Sobre la base de las anteriores consideraciones, el tribunal europeo declara que los artículos 6.1 y 7.1 de la Directiva 93/13/CEE "deben interpretarse en el sentido de que *se oponen a que*, en caso de nulidad de una cláusula contractual abusiva que impone al consumidor el pago de la totalidad de los gastos de constitución y cancelación de hipoteca, *el juez nacional niegue al consumidor la devolución de las cantidades abonadas en virtud de esta cláusula*, salvo que las disposiciones de Derecho nacional aplicables en defecto de tal cláusula *impongan* al consumidor el pago de la totalidad o de una parte de esos gastos"[68]. El TJUE dice expresamente[69]:

> "[E]l hecho de que deba entenderse que una cláusula contractual declarada abusiva nunca ha existido *justifica la aplicación de las disposiciones de Derecho nacional que puedan regular el reparto de los gastos de constitución y cancelación de hipoteca en defecto de acuerdo entre las partes.* Pues bien, si estas disposiciones hacen recaer sobre el prestatario la totalidad o una parte de estos gastos, ni el artículo 6, apartado 1, ni el artículo 7, apartado 1, de la Directiva 93/13 se oponen a que *se niegue* al consumidor la restitución de la parte de dichos gastos que él mismo deba soportar".

Desde luego, este pronunciamiento no debería ser interpretado, al menos sin importantes matices, como un respaldo pleno a los criterios de *reparto de gastos* que establece el Tribunal Supremo en las citadas sentencias de enero de 2019[70].

rogada, congruencia y prohibición de *reformatio in peius*, que impiden al tribunal nacional que conoce del recurso interpuesto por el banco contra una sentencia que limitó en el tiempo la restitución de las cantidades indebidamente pagadas por el consumidor en virtud de una cláusula suelo declarada nula acordar la restitución íntegra de dichas cantidades.»

68 Apartado 55 y Declaración 1ª.

69 Apartado 54.

70 Como sin embargo hace la *STS núm. 457/2020, de 24 de julio* (recurso núm. 1053/2018), especialmente FD 3º.8, la *STS núm. 465/2020, de 14 de septiembre* (recurso núm. 714/2018), FD 2º.2, la *STS núm. 535/2020, de 15 de octubre* (recurso núm. 1906/2018), FD 3º.3, la *STS núm. 555/2020, de 26 de octubre* (recurso núm. 474/2018), FD 3º.1, la *STS núm. 35/2021, de 27 de enero* (recurso núm. 1926/2018), FD 2º.2, la *STS núm. 45/2021, de 2 de febrero* (recurso núm. 5032/2017), FD 3º.3, la *STS núm. 72/2021, de 9 de febrero* (recurso núm. 2321/2018), FD 2º.3, *la STS núm. 75/2021, de 15 de febrero* (recurso núm. 1367/2018), FD 3º.2, la *STS núm.*

No conviene perder de vista que, en algunos casos, el Dere-

76/2021, de 15 de febrero (recurso núm. 1452/2018), FD 3º.2, la *STS núm. 78/2021, de 15 de febrero* (recurso núm. 2320/2018), FD 2º.2, la *STS núm. 183/2021, de 31 de marzo* (recurso núm. 2384/2018), FD 3º.2, la *STS núm. 187/2021, de 31 de marzo* (recurso núm. 2763/2018), FD 3º.3, la *STS núm. 189/2021, de 31 de marzo* (recurso núm. 4035/2018), FD 3º.3, la *STS núm. 249/2021, de 4 de mayo* (recurso núm. 3673/2018), FD 3º.3, la *STS núm. 264/2021, de 6 de mayo* (recurso núm. 2273/2018), FD 3º.3, y la *STS núm. 268/2021, de 6 de mayo* (recurso núm. 3004/2018). FD 3º.3, la *STS 286/2021, de 11 de mayo* (recurso núm. 1552/2018), FD 3º.3, la *STS núm. 287/2021, de 11 de mayo* (recurso núm. 1683/2018), FD 3º.3, la *STS núm. 288/2021, de 11 de mayo* (recurso núm. 2196/2018), FD 3º.3, la *STS núm. 294/2021, de 11 de mayo* (recurso núm. 2874/2018), FD 3º.3, la *STS núm. 295/2021, de 11 de mayo* (recurso núm. 3628/2018), FD 3º.3, la *STS núm. 302/2021, de 12 de mayo* (recurso núm. 2816/2018), FD 3º.3, la *STS núm. 305/2021, de 12 de mayo* (recurso núm. 3179/2018), FD 3º.3, la *STS núm. 308/2021, de 12 de mayo* (recurso núm. 3645/2018), FD 3º.3, la *STS núm. 311/2021, de 13 de mayo* (recurso núm. 2828/2018), FD 3º.3, la *STS núm. 312/2021, de 13 de mayo* (recurso núm. 3562/2018), FD 3º.3, la *STS núm. 343/2021, de 20 de mayo* (recurso núm. 5628/2017), FD 4º.3, la *STS núm. 344/2021, de 20 de mayo* (recurso núm. 3205/2018), FD 3º.3, la *STS núm. 345/2021, de 20 de mayo* (recurso núm. 3618/2018), FD 3º.3, la *STS núm. 346/2021, de 20 de mayo* (recurso núm. 3620/2018), FD 3º.3, la *STS núm. 347/2021, de 20 de mayo* (recurso núm. 4002/2018), FD 3º.3, la *STS núm. 348/2021, de 20 de mayo* (recurso núm. 4095/2018), FD 5º.3, la *STS núm. 413/2021, de 21 de junio* (recurso núm. 1878/2018), FD 3º.3, la *STS núm. 414/2021, de 21 de junio* (recurso núm. 2364/2018), FD 3º.3, la *STS núm. 417/2021, de 21 de junio* (recurso núm. 3490/2018), FD 3º.3, la *STS núm. 420/2021, de 21 de junio* (recurso núm. 5114/2018), FD 3º.3, la *STS núm. 450/2021, de 25 de junio* (recurso núm. 4874/2017), FD 3º.3, la STS núm. 567/2021, de 26 de julio (recurso núm. 1126/2018), FD 3º.3, la *STS núm. 568/2021, de 26 de julio* (recurso núm. 1226/2018), FD 3º.3, la *STS núm. 569/2021, de 26 de julio* (recurso núm. 1342/2018), FD 3º.4, la *STS núm. 571/2021, de 26 de julio* (recurso núm. 1924/2018), FD 3º.3, la *STS núm. 580/2021, de 27 de julio* (recurso núm. 2562/2018), FD 3º.3 y la *STS núm. 581/2021*, de 27 de julio (recurso núm. 2931/2018), FD 3º.3. En el mismo sentido, Segismundo ÁLVAREZ ROYO-VILLANOVA: "Los gastos de la hipoteca tras la sentencia del TJUE de 16 de julio de 2020", en *Hay Derecho*, 20 de julio de 2020, donde escribe: "Hay que destacar que corresponde a los tribunales nacionales la interpretación del derecho nacional, por lo que la conclusión es que *la distribución de gastos es la que resulta de la doctrina del TS*". En contra, parece más convincente Alicia AGÜERO ORTIZ: "Cláusula de gastos en la STJUE de 16.7.2020: ¿más gastos restituibles; extensión del plazo para instar la restitución y condena en costas si la cláusula se declara abusiva?", en *Boletín de novedades CESCO*, 24 de julio de 2020, pp. 10-15, argumentando extensamente –desde la doctrina del TJUE– la distinción entre los *criterios de reparto* (asignación) del TS y los *pagos impuestos* (imposición) al consumidor por las reglas del Derecho nacional aplicables una vez anulada la cláusula de gastos abusiva. Sobre la abusividad de una cláusula que impone al consumidor adherente gastos de constitución y tramitación que correspondan por ley al empresario predisponente, *vid. STS núm. 705/2015, de 23 de diciembre* (ROJ STS 5618/2015).

cho nacional se pronuncia de manera diferente (IAJD), no se pronuncia de manera inequívoca (gastos de notaría) o no se pronuncia de ninguna manera (gastos de gestoría y tasación) hasta fechas muy recientes. El pretendido respaldo podría suponer, en algunos casos, una moderación de los efectos de la nulidad en perjuicio del consumidor, lo que en modo alguno ampara el TJUE.

Concretamente, en lo que se refiere a la imputación de los *gastos de gestoría*, la *STS núm. 555/2020, de 26 de octubre*[71] se ve obligada a reconocer palmariamente que determinados criterios jurisprudenciales previos sostenidos de manera consolidada por el Tribunal Supremo deben ser rectificados porque *"no se acomoda[n] bien a la doctrina contenida en la STJUE de 16 de julio de 2020"*, estableciendo que, una vez declarada nula por abusiva la cláusula de gastos hipotecarios, los gastos de gestoría deben ser soportados íntegramente por el prestamista, por lo que procede la devolución al prestatario del monto que tuvo que asumir en aplicación de la cláusula abusiva[72]:

> "*Respecto de los gastos de gestoría* por la tramitación de la escritura ante el Registro de la Propiedad y la oficina liquidadora del impuesto, en la sentencia 49/2019, de 23 de enero, *entendimos que* como 'cuando se haya recurrido a los servicios de un gestor, las gestiones se realizan en interés o beneficio de ambas partes, *el gasto generado por este concepto deberá ser sufragado por mitad*'.
>
> *Este criterio no se acomoda bien a doctrina contenida en la STJUE de 16 de julio de 2020*, porque con anterioridad a la Ley 5/2019, de 15 de marzo, de Contratos de Crédito Inmobiliario, no existía ninguna previsión normativa sobre cómo debían abonarse esos gastos de gestoría. En esa situación, ante la falta de una norma nacional aplicable en defecto de

[71] Recurso núm. 474/2018. En idéntico sentido se pronuncia la *STS núm. 72/2021, de 9 de febrero* (recurso núm. 2321/2018), FD 5º.2.

[72] FD 3º.5. *Vid.* Manuel Jesús MARÍN LÓPEZ: "El prestatario tiene derecho a recuperar íntegramente los gastos de gestoría tras la nulidad de la cláusula de gastos del préstamo hipotecario. Comentario a la STS 26 de octubre de 2020", en *Boletín de novedades CESCO*, 11 de noviembre de 2020, pp. 1-6, con interesantes matices críticos en relación con la jurisprudencia precedente.

pacto que impusiera al prestatario el pago de la totalidad o de una parte de esos gastos, *no cabía negar al consumidor la devolución de las cantidades abonadas en virtud de la cláusula que se ha declarado abusiva*. Razón por la cual, estimamos también en este extremo el recurso de casación"[73].

De igual manera, en esta curiosa entrega por fascículos de las soluciones jurisprudenciales a los efectos económicos de la declaración de nulidad de la cláusula abusiva de atribución de gastos, la *STS núm. 35/2021 de 27 de enero*[74] declara que el consumidor tiene derecho a la restitución íntegra de los *gastos de tasación*, sobre los que no se había pronunciado hasta el momento, generando –además de inseguridad jurídica– una llamativa contraposición con el régimen establecido en la Ley 5/2019, de 15 de marzo, reguladora de los contratos de crédito inmobiliario:

> "Ni el RD 775/1997, de 30 de mayo, sobre régimen jurídico de homologación de los servicios y sociedades de tasación, ni la Orden ECO/805/2003, de 27 de marzo, sobre normas de valoración de bienes inmuebles, contienen disposición normativa alguna sobre quién debe hacerse cargo del coste de la tasación. De ahí que, de acuerdo con la STJUE de 16 de julio de 2020, *ante la falta de una norma nacional aplicable en defecto de pacto que impusiera al prestatario el pago de la totalidad o de una parte de esos gastos, no cabía negar al consumidor la devolución de las cantidades abonadas en virtud de la cláusula que se ha declarado abusiva*. Cuando resulte de aplicación la Ley 5/2019, de 15 de marzo, reguladora de los contratos de crédito inmobiliario, los gastos de tasación corresponderán al prestatario, por haberlo prescrito así en el apartado i) de su art. 14.1.e)".

En lo que respecta a otras cuestiones de importancia, con la STJUE de 16 de julio de 2020 también se rectifican, como

---

[73] En el mismo sentido se manifiesta, literalmente, la *STS núm. 619/2020, de 17 de noviembre* (recurso núm. 1340/2018), FD 3º.8.III.

[74] Recurso núm. 1926/2018, FD. 2º.7. Sigue esta línea la *STS núm. 151/2021, de 16 de marzo* (recurso núm. 2712/2018), FD 3º.3. *Vid.*: Segismundo ÁLVAREZ ROYO-VILANOVA: "Reclamación de gastos de hipoteca: también tasación y gestoría (STS de 27 de enero de 2021)", en *Hay Derecho*, 1 de febrero de 2021.

veremos en las páginas siguientes, algunos pronunciamientos relevantes contenidos en la jurisprudencia del Tribunal Supremo español[75], sin perjuicio de las consecuencias derivadas de la entrada en vigor[76] –con posterioridad– de la *Ley 5/2019, de 15 de marzo, reguladora de los contratos de crédito inmobiliario*, cuyo análisis queda fuera del ámbito del presente estudio.

7.2. Comisión de apertura y "objeto principal del contrato"

El artículo 4.2 de la Directiva 93/13/CEE se limita a enunciar que «la apreciación del carácter abusivo de las cláusulas no se referirá a la definición del objeto principal del contrato ni a la adecuación entre precio y retribución, por una parte, ni a los servicios o bienes que hayan de proporcionarse como contrapartida, por otra, siempre que dichas cláusulas se redacten de manera clara y comprensible». Dicho con otras palabras, en el asunto objeto del litigio principal, solo es posible limitar el control del carácter abusivo de la cláusula que impone al consumidor el pago de una comisión de apertura cuando esta cláusula se refiera a alguno de los dos aspectos antes mencionados[77].

Creo de interés poner de relieve que el Juzgado de Primera Instancia nº 17 de Palma de Mallorca sostiene que el artículo 4.2 de la Directiva 93/13/CEE no ha sido traspuesto al ordenamiento interno español. En el mismo sentido se manifiesta la *STJUE (Sala Primera) de 3 de junio de 2010 (asunto*

---

[75] *Vid.*, por todas, la *STS núm. 49/2019, de 23 de enero* (ROJ: STS 105/2019), y jurisprudencia allí citada. Ver también Segismundo ÁLVAREZ ROYO-VILLANOVA: "Los gastos hipotecarios tras la última jurisprudencia (SSTS de 23-1-2019)", en *Hay Derecho*, 29 de enero de 2019.

[76] Dado que no contiene ninguna previsión de retroactividad, los efectos de la Ley, por tanto, comienzan a los *tres meses* de su publicación en el BOE (Disposición final decimosexta), esto es, el día 16 de junio de 2019.

[77] Apartado 61.

C-484/08)[78], recordando el carácter *de mínimos* de la citada Directiva[79]:

> "[...] *no se puede impedir a los Estados miembros que mantengan o adopten*, en todo el ámbito regulado por la Directiva, incluido el artículo 4, apartado 2, de ésta, *normas más estrictas que las establecidas por la propia Directiva, siempre que pretendan garantizar al consumidor un mayor nivel de protección*[80].
>
> Pues bien, por lo que respecta a la normativa española de que se trata en el litigio principal, debe señalarse que, tal como se desprende de los autos remitidos al Tribunal de Justicia, *la Ley 7/1998 no ha incorporado el artículo 4, apartado 2, al ordenamiento interno*[81].

---

[78] ECLI:EU:C:2010:309. La sentencia resuelve una cuestión prejudicial planteada por el Tribunal Supremo español sobre esta específica cuestión, que el TJUE responde con palmaria claridad.

[79] Apartados 40 a 44.

[80] Idéntico razonamiento con el mismo fundamento se aplica, literalmente, en la citada *STJUE (Sala 3ª) de 11 de marzo de 2020 (asunto C-511/17)*, para proclamar la *libertad* que tienen los Estados miembros en orden a introducir en su derecho interno un examen de oficio por el juez nacional de las cláusulas abusivas de carácter *más amplio* que el delimitado tanto por la Directiva 93/13/CEE como por la propia STJUE en sus apartados 28-38 (*vid.* apartado 41).

[81] *Vid.* en el mismo sentido, Eugenio LLAMAS POMBO: "La nulidad de las cláusulas suelo", en *Ars Iuris Salmanticensis*, vol. 1 nº 2 (2013), p. 13; Eduardo ESTRADA ALONSO: "La aplicación de la Ley de Represión de la Usura a la cláusula de intereses remuneratorios abusivos", en *Derecho privado y Derecho Público ante los tribunales de justicia* (D. Ordóñez/L. Tolívar dirs.), Madrid, 2019, pp. 136-138. Para la *teoría del error* "debido a la *ignorancia del legislador* acerca de la existencia en nuestro Derecho de una legislación sobre usura" que hace razonable construir "una interpretación distinta que permita, en primer lugar, asegurar que los jueces no se conviertan en controladores de precios y, si es posible, excluir *in totum* los elementos esenciales del ámbito de aplicación de la legislación de condiciones generales", *vid.*, por todos, Jesús ALFARO ÁGUILA-REAL: "Artículo 1", en *Comentarios a la Ley de Condiciones Generales de la Contratación* (A. Menéndez/L. Díez-Picazo dirs.), Madrid, 2002, pp. 129 y ss., seguido en la misma obra por José María MIQUEL GONZÁLEZ: "Disposición adicional 1ª.3", pp. 908-913. Se refieren estos autores a *mudar* las consecuencias de la *aprobación de la enmienda núm. 71*, del Grupo Federal IU-IC, por la que se *suprimía* el párrafo V del nuevo artículo 10 *bis* 1 añadido a la LGDCU 26/1984, de 19 de julio, introducido originariamente en el texto del Proyecto de LCGC de 1997 (*BOCG*, Congreso de los Diputados, de 5 de septiembre de 1997, VI Legislatura, serie A, núm. 78-1, p. 8). Se da la circunstancia de que la enmienda núm. 71 resultó *aprobada por unanimidad* (*Cortes Generales. Diario de Sesiones del Congreso de los Diputados*, núm. 370, Sesión núm.

En consecuencia, *en el ordenamiento jurídico español*, como señala el Tribunal Supremo, *un órgano jurisdiccional nacional puede apreciar en cualquier circunstancia*, en el marco de un litigio relativo a un contrato celebrado entre un profesional y un consumidor, *el carácter abusivo de una cláusula no negociada individualmente, que se refiera en particular al objeto principal de dicho contrato*, incluso en supuestos en que esta cláusula haya sido redactada de antemano por el profesional de manera clara y comprensible.

En estas circunstancias, debe observarse que, *al autorizar la posibilidad de un control jurisdiccional completo del carácter abusivo de las cláusulas*, como las contempladas en el artículo 4, apartado 2, de la Directiva, contenidas en un contrato celebrado entre un profesional y un consumidor, *la normativa española de que se trata en el litigio principal permite garantizar al consumidor*, conforme al artículo 8 de la Directiva, *una protección efectiva más elevada que la prevista por ésta.*

A la luz de estas consideraciones, procede responder a las cuestiones primera y segunda que los artículos 4, apartado 2, y 8 de la Directiva *deben interpretarse en el sentido de que no se oponen a una normativa nacional, como la controvertida en el litigio principal, que autoriza un control jurisdiccional del carácter abusivo de las cláusulas contractuales que se refieren a la definición del objeto principal del contrato* o a la adecuación entre, por una parte, precio y retribución y, por otra, los servicios o bienes que hayan de proporcionarse como contrapartida, aunque estas cláusulas estén redactadas de manera clara y comprensible".

Desafortunadamente, el TJUE se va por la tangente y elude abordar de nuevo esta cuestión[82], como ya había hecho anteriormente en la *STJUE (Gran Sala) de 3 de marzo de 2020*

39 de la Comisión de Justicia e Interior celebrada el martes, 10 de febrero de 1998, VI Legislatura: 10922). Y el precepto suprimido en la tramitación parlamentaria del Proyecto de Ley era, justa y precisamente, el que se ocupaba de incorporar –*expressis verbis*– el citado artículo 4.2 (*BOCG*, Congreso de los Diputados, de 23 de octubre de 1997, VI Legislatura, serie A, núm. 78-6, p. 38).

[82] Apartado 58: *"Ahora bien, para responder a las cuestiones prejudiciales planteadas, no es necesario pronunciarse sobre la transposición efectiva del artículo 4, apartado 2, de la Directiva 93/13 al ordenamiento jurídico español"*.

(asunto C125/18)[83]. El tema no deja de ser interesante, aunque solo sea porque podría convertir en *flatus vocis* la elaboradísima doctrina del Tribunal Supremo español sobre el control de transparencia *cualificado* o "segundo control de transparencia material"[84].

No obstante, en las *Conclusiones del abogado general Maciej Szpunar presentadas el 10 de septiembre de 2019 (asunto*

[83] ECLI:EU:C:2020:138.

[84] Pueden verse, por todas, la *STS núm. 241/2013, de 9 de mayo* (ROJ STS 1916/2013), la *STS núm. 464/2014, de 8 de septiembre* (recurso núm. 1217/2013), la *STS núm. 677/2014, de 2 de diciembre* (ROJ STS 5771/2014), la *STS núm. 138/2015, de 24 de marzo* (recurso núm. 1765/2013), la *STS núm. 222/2015, de 29 de abril* (ROJ STS 2207/2015), o la *STS núm. 705/2015, de 23 de diciembre* (ROJ STS 5618/2015). Más recientemente, *vid.* la *STJUE (Sala Cuarta) de 9 de julio de 2020 (asunto C-452/18)*, ECLI:EU:C:2020:536. En la doctrina, es de interés la obra de Francisco Javier ORDUÑA MORENO, Carlos SÁNCHEZ MARTÍN y Raquel GUILLÉN CATALÁN: *Control de transparencia y contratación bancaria*, ed. Tirant lo Blanch, Valencia, 2016: *passim*, reivindicando la transparencia como principio general del Derecho. Para Fernando PANTALEÓN PRIETO: "Las transacciones sobre cláusulas suelo", en *El Almacén del Derecho*, 13 de julio de 2020, "la función que, conforme a una reiterada jurisprudencia del Tribunal de Justicia, desempeña, en la Directiva 93/13, el llamado "control de transparencia material" [es] la de *abrir la puerta* al control de contenido o abusividad, conforme a los parámetros de los artículos 3.1 y 4.1 de la Directiva, de una cláusula (no negociada individualmente) definitoria del objeto principal del contrato, en el sentido que esta expresión tiene en el artículo 4.2 de la misma Directiva 93/13". Ver también la *STS núm. 408/2020, de 7 de julio* (ROJ STS 2228/2020): "la falta de transparencia es la *antesala* del control de abusividad respecto de los elementos esenciales del contrato –precio y prestación– [...]. Es decir, en tales casos, *la declaración de falta de transparencia sería condición necesaria, pero no suficiente, para la apreciación de la abusividad*" (FD 9º.III). En el mismo sentido se manifiesta la *STS núm. 595/2020, de 12 de noviembre* (ROJ STS 3613/2020): "*la falta de transparencia* no determina per se la nulidad de la cláusula, sino que, al tratarse de una estipulación sobre un elemento esencial del contrato –el precio–, únicamente permite realizar un control de contenido sobre dicha cláusula" (FD 6º.6.II). También la *STS núm. 14/2021, de 19 de enero* (ROJ: STS 94/2021), FD 2º.3, la *STS núm. 17/2021, de 19 de enero* (ROJ: STS 93/2021), FD 3º.8, la *STS núm. 22/2021, de 21 de enero* (ROJ: STS 112/2021), FD 3º.2, la *STS núm. 69/2021, de 9 de febrero* (ROJ: STS 379/2021), FD 3º.2, la *STS núm. 162/2021, de 23 de marzo* (recurso núm. 4332/2018), FD 5º.7, la *STS núm. 166/2021, de 23 de marzo* (recurso núm. 4612/2018), FD 5º.7, y la *STS núm. 360/2021, de 25 de mayo* (recurso núm. 5813/2018), FD 5º.1.

C125/18)[85], éste retomaba[86] las consideraciones expuestas en la citada *STJUE de 3 de junio de 2010*:

> "[...] La falta de transposición en Derecho interno implica que, *al autorizar un control jurisdiccional completo del carácter abusivo de las cláusulas contenidas en un contrato celebrado entre un profesional y un consumidor*, como las contempladas en el artículo 4, apartado 2, de la Directiva 93/13, *la normativa española permite garantizar al consumidor*, conforme al artículo 8 de dicha Directiva, *un nivel de protección más elevado que el previsto por esta Directiva*, incluso cuando esta cláusula se refiera al objeto principal del contrato o a la relación calidad/precio de la prestación".

Deja trazado así un presupuesto lógico-sistemático que permite a Szpunar establecer en su escrito[87] una conclusión muy clara:

> "En estas circunstancias, considero que el artículo 8 de la Directiva 93/13 *se opone* a que un órgano jurisdiccional nacional pueda aplicar el artículo 4, apartado 2, de dicha Directiva para abstenerse de apreciar el carácter eventualmente abusivo de una cláusula, como la controvertida en el litigio principal, redactada de manera clara y comprensible y referida al objeto principal del contrato, *cuando esta última disposición no ha sido transpuesta*[88] *en su ordenamiento jurídico por el legislador nacional*".

---

85 ECLI:EU:C:2019:695.

86 Apartado 89.

87 Apartado 100.

88 Con independencia de la formulación de interpretaciones alternativas –aunque estén sólidamente fundamentadas– quizá no debería soslayarse –sin más– el *hecho* de que el legislador español, consciente, expresa y voluntariamente, decidió *no realizar* la transposición del artículo 4.2 de la Directiva 93/13/CEE al Derecho español, autorizando un control jurisdiccional completo de abusividad. Es verdad que el apoyo final del Grupo Popular a la citada *enmienda núm. 71* presentada por IU-IC resultó *inesperado* [*cfr*. Isabel GONZÁLEZ PACANOWSCA: "Artículo 7. No incorporación", en *Comentarios a la Ley de Condiciones Generales de la Contratación* (R. Bercovitz dir.), Elcano (Navarra), 1999, p. 250 § 28, nota 48] al haber anunciado anteriormente su portavoz, Tomás Burgos Gallego, la imposibilidad de admitirla (*Diario de Sesiones, cit.*: 10918) una vez expresado el apoyo a la misma por parte del Grupo Socialista a través de su portavoz, Pablo Castellano Cardalliaguet (*Diario de Sesiones, cit.*: 10916). Pero es igualmente indudable (*supra*, nota 81) que la enmienda resultó aprobada por unanimidad. Tampoco parece

La razón para eludir tan espinosa cuestión[89] es que, se-

cuestionable el hecho de que esta acción, como hemos visto, fue declarada *conforme* al Derecho comunitario (art. 8 de la Directiva) por el TJUE en su también citada Sentencia de 3 de junio de 2010 (apartados 40-44), entendiéndola como una *elevación del nivel de protección* de los adherentes consumidores *incluso* respecto de cláusulas relativas al objeto principal prerredactadas por el profesional de manera clara y comprensible. Parece que el TJUE no respalda la *teoría del error*, aunque el alcance y las consecuencias de este hecho, a la vista de la jurisprudencia del Tribunal Supremo posterior a 2012, ya son harina de otro costal.

[89] Obsérvese que la *STS núm. 401/2010, de 1 de julio* (recurso núm. 1762/2006; ap. 74), la *STS núm. 663/2010, de 4 de noviembre* (recurso núm. 982/2007; FD 4º) y la *STS núm. 861/2010, de 29 de diciembre* (recurso núm. 1074/2007; FD 5º) defienden *expressis verbis* la posibilidad de control de contenido sobre condiciones generales referidas al objeto principal del contrato *"porque la norma nacional no ha traspuesto el artículo 4.2 de la Directiva"*, siguiendo la doctrina fijada en la referida *STJUE (Sala Primera) de 3 de junio de 2010 (asunto C-484/08)*. Sin embargo, la *STS núm. 406/2012, de 18 de junio* (recurso núm. 46/2010) cambia radicalmente de criterio, y afirma: "Por otra parte, en el Derecho de los consumidores, informado desde nuestro texto Constitucional, artículo 51 CE, así como por los Tratados y numerosas Directivas de la Unión Europea, tampoco puede afirmarse que, pese a su función tuitiva, se altere o modifique el principio de libertad de precios. Baste recordar al respecto que la Ley de condiciones generales de la contratación tuvo por objeto la transposición de la Directiva 93/13/CEE, del Consejo, de 5 de abril de 1993, sobre cláusulas abusivas en los contratos con consumidores, así como la regulación de las condiciones generales de la contratación, cuyo artículo 4.2 excluía expresamente del control de contenido de las cláusulas abusivas tanto la definición del objeto principal del contrato como la adecuación con el precio pactado, siempre que se definieran de manera clara y comprensible. De esta forma, *en la modificación de la antigua ley general de defensa de consumidores de 1984, por la aportación del nuevo artículo 10, en su número primero, apartado –C –, se sustituyó la expresión amplia de "justo equilibrio de las contraprestaciones" por "desequilibrio importante de los derechos y obligaciones", en línea de lo dispuesto por la Directiva a la hora de limitar el control de contenido que podía llevarse a cabo en orden al posible carácter abusivo de la cláusula*, de ahí que pueda afirmarse que no se da un control de precios, ni del equilibrio de las prestaciones propiamente dicho" (FD 2º.2). Este planteamiento es seguido por la *STS núm. 241/2013, de 9 de mayo* (ROJ STS 1916/2013), que entiende *"cegada"* la posibilidad de control de abusividad de las condiciones generales relativas al objeto principal del contrato (FD 10º.2).

En cualquier caso, no parece suficientemente justificada la consecuencia (*excluir* el control de contenido de la cláusula contractual) que el Tribunal Supremo anuda a la modificación de la entonces vigente *LGDCU 26/1984, de 19 de julio*, llevada a cabo por la Disposición adicional primera de la *LCGC 7/1998, de 13 de abril*, aunque no, como se dice, en el nuevo artículo 10.1.*c)* –que, por cierto, *no sustituyó una expresión por otra*, sino que, a estos efectos, dejó la redacción casi como estaba (incorporando el viejo artículo 10.3) hasta su derogación– sino más bien en el nuevo artículo 10 *bis* 1.I ["Se considerarán cláusulas *abusivas* todas aquellas estipulaciones *no negociadas individualmente* que en contra de las *exigencias de la buena fe* causen, en *perjuicio* del consumidor, un *desequilibrio importante de*

gún entiende el tribunal, en el asunto que es objeto del litigio principal solo es posible limitar –con arreglo al artículo 4.2 de la Directiva 93/13/CEE– el control del carácter abusivo de la cláusula que impone al consumidor el pago de una comisión de apertura[90], en aquellos casos en que esta cláusula se refiera *a)* a la definición del objeto principal del contrato, *b)* a la adecuación entre precio y retribución, o *c)* a los bienes y servicios que se proporcionen como contrapartida, *siempre que dichas clausulas se redacten de manera clara y comprensible.*

Con el propósito de "orientar al juez nacional en su apreciación", el TJUE establece[91] que el alcance exacto de los conceptos de «objeto principal» y de «precio» no puede establecerse mediante el concepto de «coste total del crédito para el consumidor»[92]:

> *"Una comisión de apertura no puede considerarse una prestación esencial de un préstamo hipotecario por el mero hecho de que tal comisión esté incluida en el coste total de éste".*

Para el tribunal, el carácter claro y comprensible de la cláusula objeto del litigio principal debe ser examinado por el órgano jurisdiccional remitente a la vista de todos los aspectos

los derechos y obligaciones de las partes que se deriven del contrato"], precepto que coexistió con el artículo 10 y en el que no resulta tan sencillo *reconocer* la impronta del artículo 4.2 de la *Directiva 93/13/CEE, de 5 de abril*: "La apreciación del carácter abusivo de las cláusulas no se referirá a la definición del objeto principal del contrato ni a la adecuación entre precio y retribución, por una parte, ni a los servicios o bienes que hayan de proporcionarse como contrapartida, por otra, siempre que dichas cláusulas se redacten de manera clara y comprensible". Menos dificultades comportaría, en cambio, reconocer en el artículo 10 *bis* 1.I las trazas del artículo 3.1 de la Directiva 93/13/CEE: "Las *cláusulas contractuales que no se hayan negociado individualmente* se considerarán *abusivas* si, pese a las *exigencias de la buena fe*, causan en *detrimento* del consumidor un *desequilibrio importante entre los derechos y obligaciones de las partes que se derivan del contrato*", precepto más relacionado con el concepto de abusividad que con los límites al control de contenido, cuya *sedes materiae* sí que está en el artículo 4.2.

90 Apartados 60 y 61.

91 Apartado 64.

92 *Vid.* artículo 3.*g)* de la *Directiva 2008/48/CE del Parlamento Europeo y del Consejo, de 23 de abril de 2008, relativa a los contratos de crédito al consumo y por la que se deroga la Directiva 87/102/CEE del Consejo*. DOUE núm. 133, de 22 de mayo de 2008.

de hecho pertinentes, entre los que se cuenta la publicidad y la información ofrecidas por el prestamista en el contexto de la negociación de un contrato de préstamo, y teniendo en cuenta el nivel de atención que puede esperarse de un consumidor medio normalmente informado y razonablemente atento y perspicaz[93]. De ello se sigue que los referidos artículos 4.2 y 5 de la Directiva 93/13/CEE *se oponen* a una jurisprudencia nacional –como la del Tribunal Supremo español[94]– según la cual una cláusula contractual se considera *en sí misma* transparente, sin que sea necesario llevar a cabo un examen como el anteriormente descrito[95].

Por consiguiente, establece el TJUE[96] que incumbe al juez nacional comprobar si la entidad financiera ha comunicado al consumidor los elementos suficientes[97] para que este

---

93 Apartado 68.

94 *Vid. STS núm. 44/2019, de 23 de enero de 2019* (recurso núm. 2982/2018), a cuyo tenor (FD 5º.6): "Además, no se suscitaban dudas razonables sobre el carácter transparente de la cláusula. Son razones que sustentan la transparencia de esta cláusula *a)* que *es de general conocimiento entre los consumidores* interesados en contratar un préstamo hipotecario el hecho de que, en la gran mayoría de los préstamos hipotecarios, la entidad bancaria cobra una comisión de apertura además del interés remuneratorio; *b)* es uno de los extremos sobre los que l*a entidad bancaria está obligada a informar* (sic.) al potencial prestatario de acuerdo con la regulación de las fichas normalizadas de información y, de hecho, suele ser uno de los extremos sobre los que versa la publicidad de las entidades bancarias; *c)* se trata de una comisión que *ha de pagarse por entero en el momento inicial del préstamo*, lo que hace que el consumidor medio le preste especial atención como *parte sustancial del sacrificio económico* que le supone la obtención del préstamo; y *d)* la redacción, ubicación y estructura de la cláusula permiten apreciar que *constituye un elemento esencial del contrato*". Puede verse el amplio comentario de Miguel FERNÁNDEZ BENAVIDES: "Comisión de apertura: el Tribunal Supremo zanja la controversia", en *Hay Derecho*, 30 de enero de 2019, declarando resuelta la cuestión.

95 Apartado 69.

96 Apartado 70.

97 *Cfr. STS núm. 408/2020, de 7 de julio* (ROJ STS 2228/2020), que se apoya en este principio de suficiencia para manifestar las importantes limitaciones técnicas que presentan las acciones colectivas en orden a instrumentar el control de transparencia de una cláusula no negociada: "*El enjuiciamiento propio de las acciones colectivas se adapta muy bien a los controles de incorporación y también de contenido, pues aquello que en un caso u otro determina la no inclusión o la abusividad es fácilmente predicable con carácter general de todos los contratos en los que se haya incluido esa cláusula*. El carácter no incorporable de una cláusula que, por la forma en que está redactada, no resulta clara y comprensible, o el carácter abusivo de una

adquiera conocimiento del contenido y del funcionamiento de la cláusula que le impone el pago de una comisión de apertura, así como de su función dentro del contrato de préstamo. De este modo, el consumidor tendrá conocimiento de los motivos que justifican la retribución correspondiente a esta comisión y podrá valorar de manera informada el alcance de su compromiso y, en particular, el coste total de dicho contrato.

Partiendo de todas estas consideraciones, el tribunal declara[98] que el artículo 3, el artículo 4.2 y el artículo 5 de la Directiva 93/13/CEE deben interpretarse en el sentido de que las cláusulas contractuales incluidas en el concepto de «objeto principal del contrato» deben entenderse como las que regulan las prestaciones esenciales de ese contrato y que, como

---

condición general que, por su propio contenido, en contra de las exigencias de la buena fe, provoca un desequilibrio injustificado en perjuicio del consumidor, son fácilmente apreciables mediante una acción colectiva, pues lo que determina en cada caso su indebida incorporación o su abusividad es predicable con carácter general de todos los contratos en que se hayan incluido esas cláusulas. Es ciertamente difícil que en la contratación individual surjan circunstancias especiales que excluyan la vinculación del juicio generalizado realizado mediante una acción colectiva, fuera de la negociación individual que por sí misma provocaría la inaplicación del control de abusividad. *Pero no sucede lo mismo cuando la acción colectiva pretende que se realice un control de transparencia. La insistencia del TJUE en la necesidad de atender a las concretas circunstancias del caso, tanto objetivas como subjetivas de quien contrata, que puedan incidir en la comprensibilidad material de la cláusula, y, lo que es más importante, la trascendencia de la información precontractual, reducen considerablemente los supuestos en que pueda apreciarse la falta de transparencia en una acción colectiva.* En todo caso, debería basarse en la utilización por el predisponente de pautas estandarizadas en la contratación de ese tipo de contratos que, por sí mismas, determinaran la falta de transparencia, esto es, el incumplimiento de un deber de información precontractual. Desde el momento en que esta información no es sólo documental y, además, aunque se atienda al parámetro del consumidor medio, puede influir un determinado perfil del cliente que, sin dejar de ser consumidor, aparece necesariamente como conocedor de esa realidad contractual, *resulta muy difícil llegar a concluir que con carácter general una determinada entidad financiera comercializó con falta de transparencia un producto*" (FD 3º.7). A continuación, concluye: "Debe tenerse en cuenta que *la acción colectiva restringe lo que puede ser objeto de prueba a lo que puede apreciarse de forma generalizada*. Lo que es difícilmente conciliable con realidades contractuales complejas en cuya gestación y perfección confluyen múltiples factores individuales (no generalizables), como el nivel de conocimientos previos del adherente, su experiencia financiera o sus intenciones sobre la asunción de riesgos en la inversión" (FD 8º.II).

[98] Apartado 71 y Declaración 2ª.

tales, lo caracterizan. En cambio, las cláusulas de carácter accesorio respecto de las que definen la esencia misma de la relación contractual no están incluidas en dicho concepto. *El hecho de que una comisión de apertura esté incluida en el coste total de un préstamo hipotecario no implica que sea una prestación esencial de este*[99]. En cualquier caso, entiende el TJUE que un órgano jurisdiccional de un Estado miembro está obligado a controlar el carácter claro y comprensible[100] [101] de una cláu-

[99] Sobre esta específica cuestión, la *Sentencia de la Audiencia Provincial de Barcelona (Sección 15ª) núm. 2548/2020, de 1 de diciembre* (ROJ: SAP B 11451/2020) entiende ajustada a la STJUE de 16 de julio de 2020 la *STS núm. 44/2019, de 23 de enero* (recurso núm. 2892/2018) que considera la comisión de apertura, junto con el interés remuneratorio, *partes principales* del precio del préstamo. La Sección 15ª basa su criterio en el derecho interno español (FD 3º.3.3): «*[E]l Tribunal Supremo, al concluir que la comisión de apertura no es una partida ajena al precio* del préstamo, no lo hace por el mero hecho de formar parte del coste total del crédito o por integrarse, como garantía de transparencia, en el TAE. Antes al contrario, *atiende a su naturaleza, a la configuración legal de la comisión de apertura y a su reconocimiento en nuestro derecho interno, con expresa delimitación de los servicios a los que responde*. Esto es, en línea con lo señalado por la Sentencia del TJUE de 16 de julio de 2020, valora el 'contexto jurídico y fáctico', su 'naturaleza', 'el sistema general' y las propias 'estipulaciones del contrato de préstamo'». La conclusión a la que llega la Audiencia Provincial (FD 3º.3.3.5) es que: "En definitiva [...], de acuerdo con la doctrina del Tribunal Supremo, ajustada a los criterios de la Sentencia del TJUE de 16 de julio de 2020, *la comisión de apertura, en atención a su naturaleza y contexto jurídico, es un componente sustancial del precio del préstamo que retribuye un servicio definido normativamente*. Mientras que la comisión de apertura, según su configuración legal, *compensa todos los servicios necesarios para la preparación y concesión del préstamo*, el interés remuneratorio retribuye la disposición del dinero por el prestatario durante la duración del préstamo". En todo caso, es innegable que el resto de la argumentación que aduce la STS núm. 44/2019 (FD 5º.6) tiene difícil encaje en la doctrina del TJUE (*supra*, nota 89).

[100] *Cfr. supra*, nota 84. Para una reflexión acerca de los conceptos de *transparencia* y *abusividad*, puede verse la *STS núm. 121/2020, de 24 de febrero* (recurso núm. 3164/2017; FD 4º.3): "A falta, pues, de pacto expreso y conforme a la normativa legal expuesta, cabe concluir que la relación contractual entre las partes, en lo que se refiere a la cuantificación de los honorarios profesionales, no fue transparente, porque no hubo información al respecto. Ahora bien, teniendo en cuenta que cuando se celebró el contrato *no estaba en vigor la actual redacción del párrafo segundo del art. 83 TRLCU*, que parece equiparar la falta de transparencia a la abusividad, resulta aplicable la jurisprudencia del TJUE que establece que, *respecto de los elementos esenciales del contrato (precio y prestación) una vez apreciada la falta de transparencia es cuando debe hacerse el juicio de abusividad* (por todas, SSTJUE de 30 de abril de 2014, C-26/13, Kásler; y de 26 febrero de 2015, C-143/13, Matei)".

Habrá que observar, como acertadamente sugiere la Sala, las consecuencias prácticas que puede producir en esta doctrina la entrada en vigor del artículo 5.5, *in fine*, LCGC 7/1998 y del artículo 83.2 TRLGDCU 1/2007, introducidos por las Disposiciones finales cuarta y octava, respectivamente, de la *Ley 5/2019, de 15 de marzo, Reguladora de los contratos de crédito inmobiliario*, a cuyo tenor: *"Las condiciones incorporadas de modo no transparente en los contratos en perjuicio de los consumidores serán nulas de pleno derecho"*. Parece evidente que la *mens legislatoris* está centrada en identificar las consecuencias de la falta de transparencia con las que corresponden a la declaración de abusividad ya que, de lo contrario, la reforma carecería de sentido. Aunque quizá el alcance de la Ley 5/2019, al menos en este concreto punto, no tenga a corto plazo el recorrido que se espera, a la vista de la tendencia restrictiva que anuncia no demasiado sutilmente –*obiter dicta*, eso sí– la *STS núm. 585/2020, de 6 de noviembre* (ROJ STS 3550/2020): "La redacción actual del art. 83 TRLCU [...] no estaba en vigor cuando se concertó el contrato de préstamo hipotecario, ya que se introdujo por la Ley 5/2019, de 5 de marzo, y por tanto no es aplicable para resolver el presente recurso, por lo que *no procede ahora su interpretación, aunque sí conviene puntualizar que en la nueva redacción del precepto el «perjuicio de los consumidores» aparece expresamente contemplado al tratar de la nulidad de la cláusulas no transparentes*" (FD 3º.19).

[101] La *STS núm. 122/2021, de 8 de marzo* (recurso núm. 454/2018) sostiene, en difícil equilibrio: "[H]emos mantenido en diversas resoluciones que *es posible que una condición general inserta en un contrato celebrado con un consumidor, pese a no ser transparente, no sea abusiva*, pues la falta de transparencia no supone necesariamente que las condiciones generales sean desequilibradas. Pero como también hemos afirmado, *no es el caso de las llamadas cláusulas suelo, cuya falta de transparencia provoca un desequilibrio sustancial en perjuicio del consumidor*, objetivamente incompatible con las exigencias de la buena fe, consistente en la imposibilidad de hacerse una representación fiel del impacto económico que le supondrá obtener el préstamo con cláusula suelo en el caso de bajada del índice de referencia" (FD 3º.7). En el mismo sentido, aunque con otros términos, se pronuncia la *STS núm. 125/2021, de 8 de marzo* (recurso núm. 3544/2018), FD 2º. También la *STS núm. 149/2021, de 16 de marzo* (recurso núm. 4892/2017), FD 4º.8, la *STS núm. 192/2021, de 6 de abril* (recurso núm. 1553/2018), FD 2º.4, la *STS núm. 195/2021, de 12 de abril* (recurso núm. 5029/2017), FD 3º.4, la *STS núm. 196/2021, de 12 de abril* (recurso núm. 5229/2017), FD 3º.4, la *STS núm. 210/2021, de 19 de abril* (recurso núm. 857/2018), FD 3º.6, la *STS núm. 211/2021, de 19 de abril* (recurso núm. 3460/2018), FD 3º.7, la *STS núm. 217/2021, de 20 de abril* (recurso núm. 2970/2018), FD 3º.4, la *STS núm. 327/2021, de 17 de mayo* (recurso núm. 3488/2018), FD 2º.5, y la *STS núm. 398/2021, de 14 de junio* (recurso núm. 2767/2018), FD 4º.4. Este planteamiento, sin embargo, tiene un punto débil en su estructura, pues no concuerda en todos sus términos con los criterios –mucho más razonables– establecidos en la *Comunicación de la Comisión: Directrices sobre la interpretación y la aplicación de la Directiva 93/13/CEE del Consejo sobre las cláusulas abusivas en los contratos celebrados con los consumidores, de 27 de noviembre de 2019* (DOUE 2019/C 323/04), que establece: "[S]e puede concluir que, dependiendo del contenido de la cláusula del contrato en cuestión y a la luz del efecto de la falta de transparencia, *el posible carácter abusivo de una cláusula contractual puede estar estrechamente relacionada con la falta de transparencia, o incluso indicar esta*

sula contractual referida al objeto principal del contrato[102] [103], *con independencia de si el artículo 4.2 ha sido transpuesto al ordenamiento jurídico de ese Estado.*

---

un carácter abusivo. Este puede ser el caso, por ejemplo, cuando los consumidores no pueden entender las consecuencias de una cláusula o son engañados. De hecho, *cuando los consumidores se encuentran en una posición desventajosa a causa de cláusulas contractuales poco claras, ocultas o engañosas,* o cuando no se proporcionan las explicaciones necesarias para comprender sus implicaciones, *es poco probable que el profesional esté tratando de manera justa y equitativa al consumidor y tomando en cuenta sus legítimos intereses*" (§ 3.4.6.).

[102] Para la aplicación del criterio sostenido en la Comunicación de 2019 en relación con las cláusulas de renuncia litigiosa, puede verse la *STS núm. 63/2021, de 9 de febrero* (recurso núm. 5070/2017), FD 3º.17-18: "*17.-* Por ello, debemos concluir que en este caso el consumidor no ha podido conocer cabalmente las consecuencias económicas derivadas de la renuncia y, por tanto, *la cláusula de renuncia litigiosa no supera el control de transparencia material. 18.- La consecuencia derivada de la falta de transparencia de la cláusula de renuncia al ejercicio de acciones*, al no haber podido conocer el consumidor sus consecuencias jurídicas y económicas, consecuencias que no se advierten beneficiosas para el consumidor, *es su consideración como abusiva, lo que lleva, por tanto, a que declaremos su nulidad de pleno derecho* (arts. 83 TRLGDCU, 8.2 LCGC y 6.1 de la Directiva 93/13). Así resulta de la aplicación de la doctrina establecida en la sentencia del TJUE de 9 de julio de 2020, en la que se concluyó que "la cláusula estipulada en un contrato celebrado entre un profesional y un consumidor para la solución de una controversia existente, mediante la que el consumidor renuncia a hacer valer ante el juez nacional las pretensiones que hubiera podido hacer valer en ausencia de esta cláusula, puede ser calificada como "abusiva" cuando, en particular, el consumidor no haya podido disponer de la información pertinente que le hubiera permitido comprender las consecuencias jurídicas que se derivaban para él de tal cláusula". *Vid.*, en idéntico sentido, la *STS núm. 86/2021, de 17 de febrero* (recurso núm. 422/2017), FD 4º.5-6 y la *STS núm. 530/2021, de 13 de julio* (recurso núm. 2669/2018), FD 3º.20. Para un préstamo multidivisa, puede verse la *STS núm. 99/2021, de 23 de febrero* (recurso núm. 3779/2017), FD 8º, la *STS núm. 154/2021, de 16 de marzo* (recurso núm. 3885/2017), FD 3º.10-11, la *STS núm. 155/2021, de 16 de marzo* (recurso núm. 2251/2018), FD 5º.12, la *STS núm. 208/2021, de 19 de abril* (recurso núm. 5121/2017), FD 5º.6, la *STS núm. 391/2021, de 8 de junio* (recurso núm. 3112/2018), FD 5º.11-12, la *STS núm. 392/2021, de 8 de junio* (recurso núm. 3601/2018), FD 5º.12, la *STS núm. 399/2021, de 14 de junio* (recurso núm. 2836/2018), FD 2º.8 y, aun desestimando, la *STS núm. 553/2021, de 20 de julio* (recurso núm. 2280/2018), FD 3º.5.

[103] También siguen esta estela, en materia principalmente de acuerdos novatorios, la *STS núm. 401/2021, de 14 de junio* (recurso núm. 4531/2018), FD 3º, la *STS núm. 426/2021, de 22 de junio* (recurso núm. 703/2017), FD 3º.5, la *STS núm. 427/2021, de 22 de junio* (recurso núm. 748/2017), FD 3º.5, la *STS núm. 428/2021, de 22 de junio* (recurso núm. 891/2017), FD 3º.5, la *STS núm. 429/2021, de 22 de junio* (recurso núm. 900/2017), FD 3º.5, la *STS núm. 430/2021, de 22 de junio* (recurso núm. 901/2017), FD 2º.5, la *STS núm. 431/2021, de 22 de junio* (recurso núm. 1013/2017), FD 2º.5, la *STS núm. 432/2021, de 22 de junio* (recurso núm. 1061/2017), FD 3º.5, la *STS núm. 433/2021, de 22 de junio* (recurso

Sobre la misma línea de razonamiento, partiendo de la transposición, la *STS núm. 192/2021, de 6 de abril*, entiende que *si la cláusula* -o declaración unilateral- *no constituye un*

---

núm. 1101/2017), FD 2º.5, la *STS núm. 441/2021, de 23 de junio* (recurso núm. 1112/2017), FD 3º.5, la *STS núm. 442/2021, de 23 de junio* (recurso núm. 1162/2017), FD 3º.5, la *STS núm. 443/2021, de 13 de junio* (recurso núm. 1279/2017), FD 3º.5, la *STS núm. 444/2021, de 23 de junio* (recurso núm. 1379/2017), FD 3º.5, la *STS núm. 445/2021, de 23 de junio* (recurso núm. 1380/2017), FD 3º.5, la *STS núm. 446/2021, de 23 de junio* (recurso núm. 1429/2017), FD 3º.5, la *STS núm. 447/2021, de 23 de junio* (recurso núm. 1471/2017), FD 3º.5, la *STS núm. 448/2021, de 23 de junio* (recurso núm. 1595/2017), FD 3º.5, la *STS núm. 464/2021, de 29 de junio* (recurso núm. 1596/2017), FD 3º.5, la *STS núm. 465/2021, de 29 de junio* (recurso núm. 1597/2017), FD 3º.5, la *STS núm. 466/2021, de 29 de junio* (recurso núm. 1601/2017), FD 2º.5, la *STS núm. 467/2021, de 29 de junio* (recurso núm. 1851/2017), FD 3º.5, la *STS núm. 468/2021, de 29 de junio* (recurso núm. 2046/2017), FD 3º.5, la *STS núm. 469/2021, de 29 de junio* (recurso núm. 2651/2017), FD 3º.5, la *STS núm. 470/2021, de 29 de junio* (recurso núm. 2654/2017), FD 3º.5, la *STS núm. 473/2021, de 30 de junio* (recurso núm. 2661/2017), FD 3º.5, la *STS núm. 474/2021, de 30 de junio* (recurso núm. 2665/2017), FD 3º.5, la *STS núm. 475/2021, de 30 de junio* (recurso núm. 2745/2017), FD 3º.5, la *STS núm. 476/2021, de 30 de junio* (recurso núm. 2797/2017), FD 3º.5, la *STS núm. 477/2021, de 30 de junio* (recurso núm. 2810/2017), FD 3º.5, la *STS núm. 478/2021, de 30 de junio* (recurso núm. 2853/2017), FD 3º.5, la *STS núm. 479/2021, de 30 de junio* (recurso núm. 2873/2017), FD 3º.5, la *STS núm. 480/2021, de 30 de junio* (recurso núm. 2874/2017), FD 3º.5, la *STS núm. 494/2021, de 6 de julio* (recurso núm. 2989/2017), FD 3º.5, la *STS núm. 495/2021, de 6 de julio* (recurso núm. 3012/2017), FD 3º.5, la *STS núm. 498/2021, de 6 de julio* (recurso núm. 3149/2017), FD 3º.5, la *STS núm. 508/2021, de 8 de julio* (recurso núm. 3197/2017), FD 3º.5, la *STS núm. 509/2021, de 8 de julio* (recurso núm. 3200/2017), FD 3º.5, la *STS núm. 510/2021, de 8 de julio* (recurso núm. 3202/2017), FD 2º.5, la STS núm. 511/2021, de 8 de julio (recurso núm. 3204/2017), FD 3º.5, la *STS núm. 512/2021, de 8 de julio* (recurso núm. 3205/2017), FD 3º.5, la *STS núm. 513/2021, de 8 de julio* (recurso núm. 3208/2017), FD 2º.5, la *STS núm. 514/2021, de 8 de julio* (recurso núm. 3214/2017), FD 2º.5, la *STS núm. 515/2021, de 8 de julio* (recurso núm. 3269/2017), FD 2º.5, la *STS núm. 523/2021, de 13 de julio* (recurso núm. 3158/2017), FD 3º.5, la *STS núm. 522/2021, de 13 de julio* (recurso núm. 3021/2017), FD 2º.5, la *STS núm. 524/2021, de 13 de julio* (recurso núm. 3270/2017), FD 2º.5, la *STS núm. 525/2021, de 13 de julio* (recurso núm. 3271/2017), FD 2º.5, la *STS núm. 526/2021, de 13 de julio* (recurso núm. 3272/2017), FD 2º.5, la *STS núm. 527/2021, de 13 de julio* (recurso núm. 3291/2017), FD 2º.5, la *STS núm. 535/2021, de 15 de julio* (recurso núm. 3305/2017), FD 2º.5, la *STS núm. 536/2021, de 15 de julio* (recurso núm. 3312/2017), FD 2º.5, la *STS núm. 537/2021, de 15 de julio* (recurso núm. 3322/2017), FD 2º.5, la *STS núm. 538/2021, de 15 de julio* (recurso núm. 3328/2017), FD 2º.5, la *STS núm. 539/2021, de 15 de julio* (recurso núm. 3350/2017), FD 2º.5, la *STS núm. 540/2021, de 15 de julio* (recurso núm. 3407/2017), FD 3º.5, la *STS núm. 558/2021, de 22 de julio* (recurso núm. 3369/2018), FD 2º.5 la *STS núm. 622/2021, de 22 de septiembre* (recurso núm. 4404/2018), FD 3º.19, la *STS núm. 624/2021, de 22 de septiembre* (recurso núm. 5271/2018), FD 3º.10 y la *STS núm. 647/2021, de 28 de septiembre* (recurso núm. 2222/2018), FD 3º.2.

elemento esencial de un acuerdo o contrato, puede ser objeto de control de abusividad directo[104], mientras que *si se trata de la contraprestación de un acuerdo transaccional*, en ese caso se ve afectada por la previsión del artículo 4.2 de la Directiva 93/13 y sólo puede ser objeto de un control de abusividad si no cumple las exigencias de transparencia material[105].

En cualquier caso, habrá que prestar especial atención a la repercusión que pueda tener en esta importante materia el muy reciente Anteproyecto de Ley por el que se modifica el TRLGDCU 1/2007 para la concreción del alcance del control del carácter abusivo de las cláusulas. En efecto, el texto proyectado contempla una nueva redacción para el artículo 82: "Se considerarán abusivas todas aquellas estipulaciones no negociadas individualmente y todas aquellas prácticas no consentidas expresamente, *independientemente del elemento de la relación contractual que se regule en las mismas*, que, en contra de las exigencias de la buena fe, causen, en perjuicio

---

104 *Vid., supra*, nota 89.

105 Recurso núm. 1553/2018, FD 2º.4. En este orden de cosas, resulta curioso el razonamiento de la *STS núm. 188/2021, de 31 de marzo* (recurso núm. 2953/2018), FD 5º.6-7, en materia de préstamo hipotecario multidivisa, donde afirma que "*hemos asimilado la falta de transparencia a la abusividad en determinadas cláusulas, como es el caso de las denominadas "cláusulas suelo", por entrañar un elemento engañoso, o de las cláusulas "multidivisa" o "multimoneda", por ocultarse graves riesgos para el consumidor*". Es decir, que la falta de transparencia se asimila a la abusividad en unos casos sí y en otros no. Llevados a este punto, quizá se eche en falta una explicación convincente acerca de las razones que pueden llevar al predisponente a adoptar una conducta contractual opaca –no transparente– sin pretender introducir "un elemento engañoso" o buscar una ocultación de "graves riesgos para el consumidor". Me parecen de interés las reflexiones que hace Diego GUTIÉRREZ ALONSO: "El IRPH. A propósito de las sentencias del Tribunal Supremo y del TJUE", en *Boletín de Derecho Privado de JJpD*, 26 (2021), concluyendo que "[…] el TS considera que la falta de información sobre la evolución del índice en el periodo indicado por la norma no supone un desequilibrio al tratarse de un índice oficial y por ello no se contraviene la buena fe. *Se llega a la controvertida solución de que la licitud del índice hace que nunca pueda ser abusivo aunque la información que se suministre sea insuficiente para que el consumidor comprenda lo que implica realmente en relación con otras ofertas*. En definitiva, se ha acogido la solución del mundo ideal pero no real. Es la mejor solución en *un mundo perfecto en el que los consumidores desayunan con el BOE y las últimas sentencias del Tribunal Supremo, y además las entienden*. Pero en el mundo real, si de verdad queremos proteger al consumidor medio, es preferible una solución efectiva, la del mundo imperfecto, *el mundo de la segunda mejor opción*" (p. 10).

del consumidor y usuario, un desequilibrio importante de los derechos y obligaciones de las partes que se deriven del contrato". En la Exposición de Motivos del Anteproyecto (apartados II y III) se pone de manifiesto que el propósito de la reforma es afianzar la anteriormente citada doctrina del TJUE basada en la autorización del artículo 8 de la Directiva 93/13/CEE, es decir, "la indicación expresa de que el control de las cláusulas abusivas puede versar sobre cualquier elemento de la relación contractual, incluido el objeto principal del contrato o la adecuación entre precio y bienes o servicios prestados como contrapartida", circunstancia que "hace necesario *que el control del carácter abusivo de las cláusulas pueda extenderse a cualquier elemento de la relación contractual, bien sean elementos esenciales, naturales o accidentales*, aun cuando estos elementos se encuentren redactados de manera clara y comprensible".

7.3. COMISIÓN DE APERTURA Y SERVICIOS EFECTIVAMENTE PRESTADOS O GASTOS EN QUE HAYA INCURRIDO LA ENTIDAD DE CRÉDITO PREDISPONENTE

El Juzgado de Primera Instancia nº 17 de Palma de Mallorca plantea cuestión acerca de si el artículo 3.1 de la Directiva 93/13/CEE debe interpretarse en el sentido de que una cláusula de un contrato de préstamo celebrado entre un consumidor y una entidad financiera que impone al consumidor el pago de una comisión de apertura causa en detrimento del consumidor, contrariamente a las exigencias de la buena fe, un desequilibrio importante entre los derechos y obligaciones de las partes que se derivan del contrato, en aquellos casos en que la entidad financiera no demuestre que esta comisión responde a servicios efectivamente prestados y gastos en los que haya incurrido.

El tribunal, tras recordar que –en lo que se refiere al cumplimiento de las exigencias de la buena fe– el juez nacional debe comprobar si el profesional, tratando de manera leal y equitativa con el consumidor, podría esperar razonablemente que este aceptaría una cláusula de ese tipo en el marco de una negociación individual[106], argumenta que el artículo 5.1.II de la *Ley 2/2009, de 31 de marzo, por la que se regula la contratación con los consumidores de préstamos o créditos hipotecarios y de servicios de intermediación para la celebración de contratos de préstamo o crédito,* establece que las comisiones y gastos repercutidos al cliente deben responder a *servicios efectivamente prestados* o a *gastos habidos*. Por esta razón, una cláusula que surta el efecto de eximir al profesional de la obligación de demostrar que se cumplen estos requisitos en relación con una comisión de apertura *podría* –sin perjuicio de la comprobación que realice el órgano jurisdiccional remitente a la luz del conjunto de las cláusulas del contrato– incidir negativamente en la posición jurídica del consumidor[107] y, en consecuencia, *causar en detrimento de este un desequilibrio importante, contrariamente a las exigencias de la buena fe.*

Sin embargo, las comprobaciones de los órganos jurisdiccionales pueden reorientar *sutilmente* el sentido de la jurisprudencia comunitaria en beneficio de las entidades de crédito. En este sentido, conviene recordar que la *STS núm. 44/2019, de 23 de enero*[108], entendió que la comisión de apertura retribuía servicios efectivamente prestados, complementarios –pero diferentes– de la remuneración del capital prestado a través del tipo de interés[109]:

> "*La normativa que regula la comisión de apertura está destinada a asegurar su transparencia* (agrupación en una sola comisión de todas las que pudieran corresponder a las gestiones relacionadas con la concesión del préstamo, devengo de una sola vez, información de su existencia e inclusión en el cálculo de la TAE), pero no pretende disciplinar la es-

[106] Apartado 74 y jurisprudencia citada. *Cfr.*: Fernando PANTALEÓN PRIETO, "8 preguntas y respuestas sobre la transparencia material de las cláusulas predispuestas", en *El Almacén del Derecho*, 9 de febrero de 2020.

[107] Apartado 79 y Declaración 3ª.

[108] Recurso núm. 2892/2018.

[109] FD 3º. 14-16.

tructura del precio del servicio más allá de lo imprescindible para asegurar su transparencia y, desde luego, *no exige que la entidad financiera pruebe la realización de las actuaciones asociadas al estudio y concesión del préstamo ni el coste que las mismas le han supuesto*.

El hecho de que esas actuaciones iniciales sean 'inherentes' a la actividad de la entidad financiera destinada a la concesión del préstamo, no impide que esta pueda *estructurar el precio de sus servicios distinguiendo el interés remuneratorio y la comisión de apertura*, ni implica que el cobro de esta comisión incurra en la abusividad prevista en el art. 87.5 TRLCU.

No debe olvidarse que la normativa que regula esta materia configura la comisión de apertura como aquella que se cobra por actuaciones 'inherentes a la actividad de la empresa' ocasionada por la concesión del préstamo o crédito. Así lo hacía la norma tercera, apartado 1-bis-1.º, de la Circular 8/1990, de 7 de septiembre, en la redacción que le dio la Circular 5/1994, de 22 de julio, y así lo hace la Ley 2/2009, de 31 de marzo.

Sería *incompatible* con esta previsión normativa declarar la abusividad de la cláusula que establece la comisión de apertura porque con la misma se retribuyen actuaciones 'inherentes al negocio bancario' que no proporcionan al cliente servicio alguno distinto de la propia concesión del préstamo".

Concluyendo, incluso después de advertir que en la oposición al recurso de casación no se planteó la cuestión de la falta de transparencia de la cláusula predispuesta que fija la comisión de apertura[110], que no podía ponerse en tela de juicio la citada transparencia:

[110] FD 5º.5-6. Esta argumentación es seguida *ad pedem litteram* por la *Sentencia de la Audiencia Provincial de Barcelona (Sección 15ª) núm. 2548/2020, de 1 de diciembre* (ROJ: SAP B 11451/2020), que considera la doctrina del Tribunal Supremo plenamente ajustada a la STJUE de 16 de julio de 2020 (FD 3º.3.3.1), razonando que "5. Por tanto, el mismo precepto [se refiere al artículo 5.2 de la Ley 2/2009, de 31 de marzo], después de señalar la exigencia general del "servicio realmente prestado" para cobrar comisiones y gastos, *da un tratamiento singular a la comisión de apertura, que le distingue del resto de comisiones y gastos repercutibles*. La diferencia resulta relevante, según ya ha determinado la jurisprudencia de nuestro Tribunal Supremo, pues *aquello a lo que responde la comisión de apertura viene de-*

"Son razones que sustentan la *transparencia* de esta cláusula que *es de general conocimiento entre los consumidores interesados en contratar un préstamo hipotecario el hecho de que, en la gran mayoría de los préstamos hipotecarios, la entidad bancaria cobra una comisión de apertura además del interés remuneratorio*; es uno de los extremos sobre los que la entidad bancaria está obligada a informar al potencial prestatario de acuerdo con la regulación de las fichas normalizadas de información y, de hecho, *suele ser uno de los extremos sobre los que versa la publicidad de las entidades bancarias*; se trata de una comisión que ha de pagarse por entero en el momento inicial del préstamo, lo que hace que el consumidor medio le preste especial atención como *parte sustancial del sacrificio económico que le supone la obtención del préstamo*; y la redacción, ubicación y estructura de la cláusula permiten apreciar que constituye un elemento esencial del contrato".

Fruto del desconcierto y la inseguridad jurídica generada por los meandros que dibuja caprichosamente la última juris-

terminado por la propia normativa que la regula (sucesivamente, Circular 8/1990, de 7 de septiembre, Orden de 5 de mayo de 1994, Ley 2/2009, de 31 de marzo, Orden EHA/2899/2011/, de 28 de octubre, Circular 5/2012 de 27 de junio). De acuerdo con esa normativa, *la comisión de apertura compensa todas las actuaciones llevadas a cabo por la entidad financiera para la concesión del crédito (estudio de solvencia y garantías, preparación y tramitación de la documentación, concesión).* Se trata de actuaciones inherentes y efectivas para la concesión del préstamo o crédito, *a diferencia del resto de comisiones y gastos, que serán repercutibles solamente si responden a servicios prestados, distintos de la concesión, lo cual exigirá, ineludiblemente, la demostración de haberse llevado a cabo.* 6. En consecuencia, de conformidad con nuestro TS, el principio de "realidad del servicio remunerado" se cumple, en el caso de la comisión de apertura, con la concesión del préstamo o crédito. *No existe, por tanto, desequilibrio, ni mucho menos puede calificarse de importante.* Es la propia Ley la que respalda la validez de la comisión de apertura y precisa qué servicios compensa, que son imprescindibles para la concesión del préstamo y en algunos casos vienen impuestos por las normas sobre solvencia bancaria o por las que protegen al consumidor frente al sobreendeudamiento, tal y como recuerda el Tribunal Supremo en su Sentencia de 23 de enero de 2019. *Sólo si la entidad financiera externaliza esos servicios en agencias de intermediación podrá exigirse que 'demuestre' la realidad del servicio y su coste.* 7. Como hemos venido afirmando reiteradamente, no nos parece razonable y genera inseguridad jurídica, afirmar que la comisión de apertura es lícita de acuerdo con la Ley 2/2009 (y demás normativa bancaria) e ilegal, por abusiva, conforme a la LGDCU de 2007, cuando no encaja en ninguno de sus preceptos. Tampoco podemos aceptar que la comisión de apertura sea ilícita o abusiva por compensar un servicio inherente a la actividad o al propio negocio bancario, argumento que justificaría la ilicitud de todo tipo de comisiones bancarias".

prudencia recaída en esta materia en España con el aparente propósito de salvaguardar los intereses de las entidades de crédito, debe prestarse atención al muy reciente *Auto del Tribunal Supremo de 10 de septiembre de 2021* (recurso núm. 919/2019), en cuya parte dispositiva se formulan al TJUE tres peticiones de decisión prejudicial –planteadas de manera ciertamente capciosa– para que se pronuncie acerca de si se opone al Derecho comunitario una jurisprudencia nacional que: 1º) considera que la cláusula que establece la comisión de apertura "*regula un elemento esencial del contrato*"; 2º) que, para valorar su carácter claro y comprensible, "*toma en consideración elementos tales como el conocimiento generalizado de tal cláusula entre los consumidores*", la "*información obligatoria que la entidad financiera debe dar al potencial prestatario*", "*la publicidad de las entidades bancarias*" y "*la especial atención que le presta el consumidor medio por ser una partida del precio que ha de pagarse por entero en el momento inicial del préstamo y constituir una parte sustancial del sacrificio económico que le supone la obtención del préstamo*"; y 3º) que considera que la comisión de apertura, como viene configurada en la normativa española, "*no causa contrariamente a las exigencias de la buena fe y en detrimento del consumidor, un desequilibrio importante entre los derechos y obligaciones de las partes que derivan del contrato*".

Cuando se conozca la respuesta, podremos comprobar si al Tribunal Supremo le acompaña el éxito en su intento de rebajar, al menos parcialmente, el potencial tuitivo que ofrece la STJUE de 16 de julio de 2020.

7.4. Prescripción de la acción dirigida a hacer valer los efectos restitutorios de la declaración de nulidad de una cláusula contractual abusiva

Otra de las cuestiones prejudiciales planteadas por el Juzgado es la que hace referencia a la posibilidad de limitar los efectos de una cláusula abusiva mediante el establecimiento de un plazo de prescripción. Se pregunta, más concretamente, si el artículo 6.1 y el artículo 7.1 de la Directiva 93/13/CEE deben interpretarse en el sentido de que no se oponen a una jurisprudencia nacional que prevé que el ejercicio de *la acción dirigida a hacer valer los efectos restitutorios de la declaración de la nulidad* de una cláusula contractual abusiva quede sometido a un plazo de prescripción, aunque, en virtud de la legislación nacional, *la acción para declarar la nulidad absoluta de una cláusula contractual abusiva* sea imprescriptible[111].

Entiende el TJUE que "la protección del consumidor no es absoluta", por lo que la fijación de plazos razonables de carácter preclusivo para recurrir, en interés de la seguridad jurídica, es compatible con el Derecho de la Unión Europea[112], y las condiciones en que se preste la protección de los consumidores corresponden al ordenamiento jurídico interno de los Estados miembros en virtud del principio de autonomía procesal de estos.

No obstante, también matiza[113] que estas condiciones no deben ser menos favorables que las aplicables a situaciones similares de carácter interno *(principio de equivalencia)* y no deben hacer imposible en la práctica –o excesivamente difícil– el

[111] La *STJUE (Sala Primera) de 10 de junio de 2021 (asuntos acumulados C776/19 a C782/19)* [ECLI:EU:C:2021:470] quiere dar un paso más, y declara que: "para garantizar una protección efectiva de los derechos que la Directiva 93/13 confiere al consumidor, este debe poder invocar *en todo momento* el carácter abusivo de una cláusula contractual no solo como medio de defensa, sino también a efectos de que el juez declare el carácter abusivo de una cláusula contractual, de modo que *una acción ejercitada por el consumidor para que se declare el carácter abusivo de una cláusula incluida en un contrato celebrado entre un profesional y un consumidor no puede estar sujeta a ningún plazo de prescripción*" (apartado 38 y declaración 1ª). *Vid.* Sheila MARTÍNEZ GÓMEZ: "El riesgo de tipo de cambio de la «hipoteca multidivisa» a la luz de la directiva 93/13/CEE", en *Boletín de novedades CESCO*, 16 de junio de 2021, pp. 4-6. También se ha establecido por el Tribunal Supremo que la consumación o la extinción del contrato no impiden el ejercicio de la acción de nulidad de una cláusula abusiva. *Cfr.* la *STS núm. 662/2019, de 12 de diciembre* (recurso núm. 2017/2017), FD 5º y la *STS núm. 393/2021, de 8 de junio* (recurso núm. 1341/2018), FD 4º.4.

[112] Apartado 82 y jurisprudencia citada.

[113] Apartado 83.

ejercicio de los derechos conferidos por el ordenamiento jurídico comunitario *(principio de efectividad)*. Dicho con otras palabras, el Derecho de la Unión no se opone a una normativa nacional que, a la vez que reconoce el carácter *imprescriptible* de la acción de nulidad de una cláusula abusiva incluida en un contrato celebrado entre un profesional y un consumidor, sujeta a un *plazo de prescripción* la acción dirigida a hacer valer los efectos restitutorios de esta declaración, siempre que se respeten los principios de equivalencia y de efectividad[114].

En el litigio principal, el órgano jurisdiccional remitente plantea la eventual aplicación del plazo de prescripción de *cinco años* establecido en el artículo 1964.2 del Código Civil a la acción dirigida a hacer valer los efectos restitutorios de la declaración de la nulidad de una cláusula contractual abusiva predispuesta en un contrato de préstamo hipotecario.

Al TJUE no le parece problemático el *tempus praescriptionis*, al menos considerando[115] que un plazo de prescripción de cinco años aplicable a la acción dirigida a hacer valer los efectos restitutorios de la declaración de la nulidad de una cláusula abusiva no parece que pueda hacer *imposible* en la práctica o *excesivamente difícil* el ejercicio de los derechos conferidos por la Directiva 93/13/CEE.

Cosa distinta es el *dies a quo* establecido para el cómputo del plazo de prescripción de la acción restitutoria, ya que es posible que los consumidores ignoren[116] que una cláusula incluida en un contrato de préstamo hipotecario sea abusiva o no perciban la amplitud de los derechos que les reconoce la normativa comunitaria europea. Esto obliga a suscitar la cuestión de si es compatible con el principio de efectividad, en relación con el principio de seguridad jurídica, una jurisprudencia nacional con arreglo a la cual el plazo de prescripción

[114] Apartado 84. Pueden verse las interesantes reflexiones contenidas en la *Sentencia de la Audiencia Provincial de Barcelona (Sección 15ª) núm. 551/2020, de 12 de marzo* (ROJ: SAP B 2548/2020).

[115] Apartado 87.

[116] Apartado 90.

de *cinco años* para el ejercicio de una acción dirigida a hacer valer los efectos restitutorios de la declaración de la nulidad de una cláusula contractual abusiva *empieza a correr* a partir de la celebración del contrato que contiene esta cláusula[117].

Para el TJUE[118], la aplicación de *un plazo de prescripción de cinco años que comience a correr a partir de la celebración del contrato*, en la medida en que tal aplicación implica que el consumidor solo pueda solicitar la restitución de los pagos realizados en ejecución de una cláusula contractual declarada abusiva durante los cinco primeros años siguientes a la firma del contrato —con independencia de si este tenía o podía razonablemente tener conocimiento del carácter abusivo de esta cláusula—, *puede hacer excesivamente difícil el ejercicio de los derechos que la Directiva 93/13/CEE confiere al consumidor* y, por lo tanto, vulnerar el principio de efectividad, en relación con el principio de seguridad jurídica.

De lo anterior se desprende[119] que los artículos 6.1 y 7.1 de la Directiva 93/13/CEE deben interpretarse en el sentido de que *no se oponen* a que el ejercicio de la acción dirigida a hacer valer los efectos restitutorios de la declaración de la nulidad de una cláusula contractual abusiva quede sometido a un plazo de prescripción, *siempre que ni el momento en que ese plazo comienza a correr ni su duración hagan imposible en*

---

117 Apartado 88.

118 Apartado 91.

119 Apartado 92 y declaración 4ª. En el mismo sentido se pronuncia la *STJUE (Sala Primera) de 10 de junio de 2021 (asuntos acumulados C-776/19 a C-782/19)* [ECLI:EU:C:2021:470]: "[L]a oposición de *un plazo de prescripción de cinco años*, como el controvertido en los litigios principales, a una acción ejercitada por un consumidor para obtener la devolución de cantidades indebidamente abonadas, sobre la base de cláusulas abusivas en el sentido de la Directiva 93/13, *que empieza a correr en la fecha de la aceptación de la oferta de préstamo, no garantiza a dicho consumidor una protección efectiva*, ya que ese plazo puede haber expirado antes incluso de que el consumidor pueda tener conocimiento del carácter abusivo de una cláusula contenida en el contrato en cuestión. Un plazo de ese tipo hace excesivamente difícil el ejercicio de los derechos que la Directiva 93/13 confiere a dicho consumidor y, por consiguiente, viola el principio de efectividad" (apartados 46-48 y declaración 1ª).

la práctica o excesivamente difícil el ejercicio del derecho del consumidor a solicitar tal restitución.

En esta línea, se ha afirmado con razón[120] que no puede fijarse con carácter general una fecha concreta en la debe comenzar a correr el plazo de prescripción. Lo más prudente es estar al *caso concreto*, pues el conocimiento o la posibilidad de conocer (art. 1969 del Código civil) que la cláusula de gastos es nula puede variar de un consumidor a otro. En cualquier caso, un elemento de referencia de cierta importancia puede ser la *STS núm. 705/2015, de 23 de diciembre*[121]. Comoquiera que es la primera vez en que el Tribunal Supremo declara abusiva la cláusula de gastos y dada la notoriedad de la sentencia y la enorme publicidad que se ha hecho de la misma en los medios de comunicación, se ha argumentado que, desde la publicación de esta sentencia (el 21 de enero de 2016, cuando se cuelga en la *web* del Consejo General del Poder Judicial), el consumidor *podía conocer* que la cláusula de gastos era nula por abusiva[122] y que él *podía reclamar* al prestamista el abono de ciertas partidas económicas si se tratara de préstamos hipotecarios suscritos con anterioridad a dicha fecha, mientras que para los suscritos posteriormente habría conocimiento a la fecha de recepción de las facturas correspondientes[123].

---

[120] *Cfr.*: Manuel Jesús MARÍN LÓPEZ: "La prescripción de la acción de nulidad de la cláusula de gastos y de la acción de restitución de los gastos abonados", en *CESCO*, 22 (2017), pp. 92-95.

[121] ROJ: STS 5618/2015.

[122] Puede verse también, en la misma línea argumental apuntada, la "*Nota informativa sobre los derechos que asisten a las personas consumidoras en relación con gastos derivados de las hipotecas y otras cuestiones de ámbito financiero*", publicada por el Ministerio de Consumo del Gobierno español con fecha 17 de noviembre de 2020, apartado *d)* https://www.mscbs.gob.es/consumo/pec/docs/preguntas-FrecuentesGastosHipotecarios.pdf

[123] Manuel Jesús MARÍN LÓPEZ: *Op.* últ. *cit.*, pp. 94-95, donde matiza el autor: "Ello no significa que esa fecha deba constituir el *dies a quo* de la acción de restitución de cantidades en todos los casos, pues *algunos* consumidores, dadas sus circunstancias personales, quizás habían conocido (o podían haber conocido) *antes* esos datos". Ver también Alicia AGÜERO ORTIZ: "Cláusula de gastos en la STJUE de 16.7.2020" *cit.*, con interesantes consideraciones sobre el conocimiento de los *hechos* y del *derecho* a reclamar al respecto (pp. 15-16); Pedro DEL OLMO GARCÍA: "Nulidad de pleno derecho y prescripción", en *El Almacén del Derecho*,

De igual manera, teniendo en cuenta que ni siquiera en el selecto colectivo de consumidores medios normalmente informados y razonablemente atentos y perspicaces se ha documentado evidencia empírica de un acceso cotidiano consolidado a la página *web* del Consejo General del Poder Judicial ni de la práctica de consultas habituales y sistemáticas al Centro de Documentación Judicial (CENDOJ), se ha sugerido otra opción nada desdeñable desde la perspectiva del principio de efectividad: la posibilidad de ubicar el *dies a quo* justamente en el momento en que se fijó por el Tribunal Supremo la *doctrina armonizadora* sobre restitución a nivel nacional tras la nulidad de la cláusula de gastos hipotecarios, es decir, el 23 de enero de 2019[124], para computar a partir de entonces los cinco años. O mejor a partir del 21 de febrero de 2019, fecha en que se produjo la publicación de las sentencias armonizadoras[125].

Estos planteamientos, sin embargo, no han de considerarse incompatibles con la búsqueda *casuística* de otros momentos determinantes del inicio del cómputo del plazo de prescripción en torno a la *posibilidad efectiva* del ejercicio de la acción dirigida a hacer valer los efectos restitutorios derivados de la declaración de nulidad en determinados supuestos. Podría llevarnos a encontrar soluciones más justas y equitativas ya que –como queda dicho– no en todos los casos se ocupan los consumidores de consultar con asiduidad las pu-

10 de marzo de 2021; Manuel Jesús MARÍN LÓPEZ: "La prescripción de la acción de restitución de cantidades tras la nulidad de un crédito *revolving* usurario", en *CESCO*, 38 (2021), pp. 56-83.

[124] Así se pronuncia la *Sentencia de la Audiencia Provincial de Lugo (Sección 1ª) núm. 421/2020, de 17 de septiembre* (ROJ: SAP LU 607/2020), cuyo larguísimo FD 2º, *in fine*, declara: "Por todo ello, esta Sala partiendo de que la acción de nulidad es imprescriptible sienta el criterio de que: a) La acción de restitución derivada de los efectos de la nulidad está sometido al plazo de prescripción genérico de 5 años. b) *El inicio del cómputo en estos supuestos de gastos hipotecarios se sitúa en el 23 de enero de 2019*".

[125] Se trata de las cinco sentencias de la misma fecha ya citadas *supra*, nota 61. *Vid.* el dato de la publicación, como hipótesis, en la *Sentencia de la Audiencia Provincial de Pontevedra (Sección 1ª), núm. 578/2020, de 30 de octubre* (ROJ: SAP PO 1961/2020), FD 3º.

blicaciones oficiales de las sentencias del Tribunal Supremo, y en algunos casos no puede descartarse *a priori* que hayan tenido conocimiento en un momento anterior, elemento fáctico cuya prueba incumbe al prestamista.

En esta línea se ha sostenido, partiendo del principio de no vinculación de las cláusulas abusivas, que dicho plazo de cinco años no puede empezar a contarse hasta el día en que el cliente adherente al clausulado predispuesto e impuesto por la entidad de crédito consiga una *declaración* que elimine la apariencia de validez de la cláusula de gastos, es decir, una sentencia judicial declarativa de la nulidad de dicha cláusula por abusiva[126], sin cuyo concurso *no sería posible* ejercitar la acción restitutoria. La doctrina del retraso desleal, invocada con frecuencia por los prestamistas, sería difícilmente aplicable en este supuesto concreto[127].

Y, en cualquier caso, deberán tenerse en cuenta –cuando resulte procedente– los ochenta y dos días de *suspensión de los plazos de prescripción* y caducidad durante el período de

---

[126] *Vid.* Gonzalo AYO JIMÉNEZ: "Actualidad sobre la prescripción de la restitución de gastos hipotecarios", en *Elderecho.com*, 26 de enero de 2021, con cita, entre otras, de la *Sentencia de la Audiencia Provincial de La Rioja (Sección 1ª) núm. 440/2020, de 2 de noviembre* (ROJ: SAP LO 555/2020), en cuyo criterio (FD 3º): "[E]l *plazo* para el ejercicio de la acción de resarcimiento [...] *no podría iniciarse sino cuando se declarara la nulidad de la cláusula pues hasta ese momento los prestatarios no estaban en condiciones de ejercitar con éxito ninguna reclamación de cantidad*. La acción de restitución debería entenderse, por tanto, accesoria a la acción de nulidad o derivada de la misma, puesto que, sin esta última, la acción de restitución no existiría, lo cual significaría que *el plazo de prescripción para el ejercicio de la acción restitutoria quedaría subordinado a la declaración judicial de nulidad*". Puede verse también la *Sentencia de la Audiencia Provincial de Asturias núm. 635/2021, de 21 de junio* (recurso de apelación nº 541/2021), FD 2º.

[127] La citada *SAP de La Rioja núm. 440/2020*, declara al respecto: "[C]reemos que el hecho de que el consumidor, que ha estado *soportando durante años* una cláusula que le impuso la entidad financiera de forma abusiva y con evidente desequilibrio, decida ejercitar su acción dirigida a que dicha cláusula, que jamás debió de introducirse en el contrato, se declare abusiva y nula, no puede ser considerado como un ejercicio abusivo de derecho. Es más, creemos que *sería paradójico que se considerase que quien actúa de mala fe o ejercita anormal o deslealmente sus derechos, no es quien introdujo ilícitamente y en su beneficio la cláusula, sino quien finalmente acciona para que se restablezca la justicia declarándose la nulidad de la cláusula*" (FD 3º).

vigencia del estado de alarma[128] declarado como consecuencia de la pandemia causada por el virus SARS-CoV-2.

La cuestión es tan compleja como interesante. Hasta el punto de que, recientemente, el Pleno de la Sala de lo Civil del Tribunal Supremo hacía público un comunicado anunciando su intención de consultar al TJUE sobre el régimen de prescripción aplicable a las acciones de recuperación de gastos hipotecarios[129], intención que se ha hecho efectiva mediante *Auto de Pleno de 22 de julio de 2021*[130].

---

[128] Sobre esta cuestión, puede verse Sheila MARTÍNEZ GÓMEZ: "Se reaviva el debate sobre la prescripción de la acción de restitución de los gastos hipotecarios tras la nota informativa del ministerio de consumo de 17.11.2020", en *CESCO*, 37 (2021), pp. 13-32, donde afirma la autora (p. 30): "[S]i el *dies a quo* fuera la fecha de publicación de la STS de 23 de diciembre de 2015, la fecha *fine* del plazo de prescripción no sería, tal y como ha advertido recientemente el Ministerio de Consumo a través de redes sociales, el 21 de enero de 2021, pues los plazos de prescripción quedaron *suspendidos* como consecuencia de la declaración del estado de alarma. En este sentido, la Disposición Adicional Cuarta del RD 463/2020 de 14 de marzo estableció que «[l]os plazos de prescripción y caducidad de cualesquiera acciones y derechos quedarán suspendidos durante el plazo de vigencia del estado de alarma y, en su caso, de las prórrogas que se adoptaren», señalando posteriormente el art. 10 del RD 537/2020 de 22 de mayo que «[c]on efectos desde el 4 de junio de 2020, se alzará la suspensión de los plazos de prescripción y caducidad de derechos y acciones». Por consiguiente, *si las acciones de restitución nacieron*, según el Ministerio de Consumo, *el 21 de enero de 2016* –después de la entrada en vigor de la Ley 42/2015 de 5 de octubre–, *estas prescribirán*, no el 21 de enero de 2021, sino *el próximo 13 de abril de 2021*, pues los plazos de prescripción quedaron suspendidos durante 82 días, desde el 14 de marzo hasta el 3 de junio del 2020".

[129] Nota informativa de 23 de junio de 2021 (Poder Judicial España): "En la deliberación del recurso 1799/2020, sobre el régimen de prescripción aplicable a la acción de recuperación de las cantidades abonadas por los consumidores por las cláusulas que les atribuían el pago de todos los gastos e impuestos de los préstamos hipotecarios, el Pleno de la Sala Primera del Tribunal Supremo ha acordado, por unanimidad, abrir el trámite de audiencia a las partes, previo al *posible planteamiento de una cuestión prejudicial ante el Tribunal de Justicia de la Unión Europea*". El texto íntegro puede consultarse en https://www.poderjudicial.es/cgpj/es/Poder-Judicial/Noticias-Judiciales/El-Tribunal-Supremo-se-plantea-consultar-al-TJUE-sobre-el-regimen-de-prescripcion-aplicable-a-las-acciones-de-recuperacion-de-gastos-hipotecarios

[130] (Recurso núm. 1799/2020). Para el alto tribunal si, conforme los pronunciamientos previos del TJUE, "descartamos la solución consistente en que el día inicial del plazo de prescripción sea el día en que se hicieron los pagos indebidos como consecuencia de la aplicación de la cláusula declarada abusiva sea compatible con los arts. 6.1 y 7.1 de la Directiva 93/13/CEE, quedarían dos opciones: *a)* Que el

7.5. La imposición al consumidor de costas procesales

Se plantea, en fin, como cuestión prejudicial si los artículos artículo 6.1 y 7.1 de la Directiva 93/13/CEE deben interpretarse

día inicial del plazo de prescripción de la acción de restitución sea *el de la sentencia que declara la nulidad de la cláusula*. Esta solución puede colisionar con el principio de seguridad jurídica, que constituye uno de los principios del ordenamiento jurídico de la UE: en la práctica, convierte la acción de restitución en imprescriptible, puesto que no puede comenzar el plazo de prescripción hasta que se haya estimado una acción (la de nulidad) que es imprescriptible en el Derecho interno, por tratarse de una nulidad absoluta. Además, el principio de seguridad jurídica se podría ver gravemente comprometido si se diera lugar a reclamaciones relativas a contratos consumados y extinguidos desde hace décadas. *b)* Que el día inicial sea *aquel en que el Tribunal Supremo dictó una serie de sentencias uniformes en que declaró que las cláusulas que atribuían al consumidor el pago de todos los gastos del contrato eran abusivas* y decidió cómo debían distribuirse tales gastos una vez expulsada la cláusula del contrato. Igualmente, puede decirse, no respecto de la jurisprudencia del Tribunal Supremo, sino desde la propia jurisprudencia del TJUE, cuando admitió que la acción de restitución podía estar sujeta a un plazo de prescripción. Este criterio, que no contradice la prescriptibilidad de la acción de restitución, plantea el problema de que puede ser contrario al principio de efectividad, por ser dudoso que un consumidor medio, razonablemente atento y perspicaz pueda ser conocedor de la jurisprudencia del Tribunal Supremo o del TJUE en la materia" (FD 5º.3).

Como bien apunta el citado Auto, "[l]a jurisprudencia del TJUE sobre prescripción de las acciones de restitución posteriores a la declaración de abusividad de una cláusula en un contrato con consumidores se compendia en la sentencia de 10 de junio de 2021, *BNP Paribas Personal Finance*, asuntos acumulados C-776/19 a C-782/19, apartados 26-48. Esta sentencia resume las sentencias de 9 de julio de 2020, *Raiffeisen Bank SA*, asuntos acumulados C-698/10 y 699/18; de 16 de julio de 2020, asuntos acumulados C-224/19 y C-259/19, *Caixabank SA y BBVA*; y 22 de abril de 2021, *Profi Credit Slovakia*, C- 485/19" (FD 5º1).

Llama la atención, una vez más, el planteamiento que hace el Tribunal Supremo. Puede verse otra forma más ecuánime de proceder en *el Auto del Juzgado de Primera Instancia nº 20 de Barcelona de 22 de julio de 2021* (ROJ: AJPI 297/2021) que, con idéntica fecha y objeto, no se propone "dirigir" la respuesta del TJUE, sino conocer si es compatible con el derecho de la UE *a)* que la prescripción de la acción para reclamar las consecuencias económicas de una cláusula abusiva, como la de gastos, se inicie con anterioridad al momento en que dicha cláusula ha sido declarada nula por abusiva; *b)* fijar como inicio del plazo de prescripción de una cláusula abusiva la fecha en que un Tribunal con capacidad de crear jurisprudencia, como es el Tribunal Supremo, indique que una determinada cláusula es abusiva con independencia de que el consumidor concreto conozca o no el contenido de esa sentencia; y *c)* fijar, en un contrato de larga duración, que el plazo de prescripción de una acción para reclamar unos gastos pagados para constituir la hipoteca se inicie en el momento en que se hace el pago dado que la cláusula abusiva ha agotado sus efectos en ese momento y no hay riesgo de que la cláusula se vuelva a aplicar.

en el sentido de que se oponen a que el consumidor cargue con *una parte* de las costas procesales *en función del importe de las cantidades indebidamente pagadas que le son restituidas* a raíz de la declaración de la nulidad de una cláusula contractual por tener carácter abusivo, ya que el artículo 394.2 de la Ley de Enjuiciamiento Civil podría tener el efecto de que no se condenara al profesional al pago íntegro de las costas cuando se estime *plenamente* la acción de nulidad de una cláusula contractual abusiva ejercitada por un consumidor, pero solo se estime *parcialmente* la acción de restitución de las cantidades pagadas en virtud de esta cláusula[131].

Desde una perspectiva general, es pacífica la afirmación de que la distribución de las costas de un proceso judicial sustanciado ante los órganos jurisdiccionales pertenece a la esfera de la autonomía procesal de los Estados miembros, siempre que se respeten los principios de equivalencia y de efectividad[132]. Sin embargo, el TJUE acepta pronunciarse sobre la cuestión específica de si es compatible con el principio de efectividad el hecho de hacer que recaigan sobre el consumidor las costas de un procedimiento dependiendo de las cantidades que se le restituyen, *aunque se haya estimado íntegramente su pretensión en relación con el carácter abusivo de la cláusula impugnada*[133].

Partiendo de que el Derecho de la Unión Europea reconoce al consumidor el derecho de acudir a un juez para que se declare el carácter abusivo de una cláusula contractual y para que se deje sin aplicar, argumenta el tribunal[134] que *condicionar el resultado de la distribución de las costas a las cantidades indebidamente pagadas* y cuya restitución se ordena *puede disuadir al consumidor de ejercer tal derecho* debido a los costes que implica una acción judicial.

131 Apartado 94.

132 Apartado 95.

133 Apartado 96.

134 Apartado 98.

Ya en la *STJUE (Sala Cuarta) de 9 de julio de 2020 (asuntos acumulados C-698/18 y C-699/18)*[135] se determina que corresponde al ordenamiento jurídico interno de cada Estado miembro establecer la regulación procesal de los recursos judiciales que hayan de garantizar la salvaguarda de los derechos que el Derecho de la Unión genera en favor de los justiciables, siempre y cuando esta regulación, por una parte, no sea menos favorable que la aplicable a recursos similares de carácter interno *(principio de equivalencia)* y, por otra parte, no haga imposible en la práctica o excesivamente difícil el ejercicio de los derechos conferidos por el ordenamiento jurídico de la Unión *(principio de efectividad)*[136].

Consecuentemente, en la *STJUE de 16 de julio de 2020* se declara[137] que los artículos 6.1 y 7.1 de la Directiva 93/13/CEE, así como el principio de efectividad, deben interpretarse en el sentido de que *se oponen a un régimen que permite que el consumidor cargue con una parte de las costas procesales en función del importe de las cantidades indebidamente pagadas* que le son restituidas a raíz de la declaración de la nulidad de una cláusula contractual por tener carácter abusivo[138], dado que tal régimen *crea un obstáculo significativo que puede di-*

[135] ECLI:EU:C:2020:537.

[136] Apartado 57. Sobre esta sentencia y las distintas cuestiones que plantea *vid.* Jesús ALFARO ÁGUILA-REAL: "Las acciones de nulidad de pleno derecho son imprescriptibles, las de restitución, no", en *El Almacén del Derecho*, 9 de julio de 2020; Sergio CÁMARA LAPUENTE: "La STJUE 9 julio 2020 (C-452/18) sobre novaciones y renuncias relacionadas con las cláusulas suelo: ¿negociar o consentir?", en *El Almacén del Derecho*, 10 de julio de 2020; Fernando PANTALEÓN PRIETO: "Las transacciones sobre cláusulas suelo", en *El Almacén del Derecho*, 13 de julio de 2020; y Manuel Jesús MARÍN LÓPEZ: "La STJUE de 9 de julio de 2020 relativa a la validez del acuerdo novatorio sobre la cláusula suelo, ¿corrige la doctrina sentada en la STS de 11 de abril de 2018?", en *Boletín de novedades CESCO*, 16 de julio de 2020.

[137] Apartado 99 y Declaración 5ª.

[138] En opinión de Segismundo ÁLVAREZ ROYO-VILLANOVA: "Los gastos de la hipoteca" *cit.*: "La cuestión es si el artículo 394 LEC incurre en este supuesto". Sin embargo, el TJUE aborda el problema desde otra perspectiva más amplia. En efecto, la cuestión no es *"si incurre"*, sino *"si podría incurrir"*, disuadiendo de este modo a los consumidores de ejercer su derecho a un control judicial efectivo de las cláusulas contractuales no negociadas. Y la respuesta del tribunal es inequívocamente afirmativa.

suadir a los consumidores de ejercer el derecho a un control judicial efectivo del carácter potencialmente abusivo de cláusulas contractuales. Dicho con otras palabras: si la cláusula predispuesta es nula por abusiva deben imponerse las costas al prestamista, aunque la condena pecuniaria sea inferior a la solicitada.

Con razón se ha afirmado[139] que este pronunciamiento constituye un revés para las entidades de crédito, lo que hace esperable que tiendan a tratar de alcanzar acuerdos extrajudiciales con los clientes cuyos procesos estén en curso o cuyas reclamaciones extrajudiciales estén pendientes de resolver o vayan a presentarse a partir del mismo. Buena prueba de lo acertado de este planteamiento es el reflejo inmediato y contundente que ha tenido la doctrina del TJUE en la *STS núm. 472/2020, de 17 de septiembre*[140] resolviendo ahora que *se opone* al principio de efectividad del Derecho de la Unión Eu-

[139] Alicia AGÜERO ORTIZ: "Cláusula de gastos en la STJUE de 16.7.2020" *cit.*, p. 16.

[140] Recurso núm. 5170/2018, FD 3º.3-5. En los mismos términos se había pronunciado con anterioridad la *STS núm. 419/2017, de 4 de julio* (recurso núm. 2425/2015) FD 5º. Su contenido ha sido reiterado con posterioridad en la *STS núm. 510/2020, de 6 de octubre* (recurso núm. 3243/2017), FD 3º, en la *STS núm. 631/2020, de 24 de noviembre* (recurso núm. 3543/2017), FD 3º, en la *STS núm. 653/2020, de 3 de diciembre* (recurso núm. 4740/2017), FD 3º, en la *STS núm. 18/2021, de 19 de enero* (recurso núm. 4324/2017), FD 3º, en la *STS núm. 27/2021, de 25 de enero* (recurso núm. 1712/2018), FD 3º, en la *STS núm. 31/2021, de 26 de enero* (recurso núm. 54/2018), FD 3º.2-3, en la *STS núm. 45/2021, de 2 de febrero* (recurso núm. 5032/2017), FD 5º.3, en la *STS núm. 189/2021, de 31 de marzo* (recurso núm. 4035/2018), FD 5º.2, en la *STS núm. 240/2021, de 4 de mayo* (recurso núm. 197/2017), FD 6º.3, con una fórmula más breve y expeditiva, en la *STS núm. 241/2021, de 4 de mayo* (recurso núm. 556/2017), FD 13º.3, en la *STS núm. 242/2021, de 4 de mayo* (recurso núm. 696/2017), FD 10º.3, en la *STS núm. 243/2021, de 4 de mayo* (recurso núm. 701/2017), FD 12º.3, en la *STS núm. 303/2021, de 12 de mayo* (recurso núm. 2964/2018), FD 2º.5, en la *STS núm. 309/2021, de 12 de mayo* (recurso núm. 3894/2018), FD 5º.2, en la *STS núm. 382/2021, de 7 de junio* (recurso núm. 598/2018), FD 3º y 4º, en la *STS núm. 383/2021, de 7 de junio* (recurso núm. 1570/2018), FD 4º, en la *STS núm. 404/2021, de 15 de junio* (recurso núm. 4134/2018), FD 2º, en la *STS núm. 501/2021, de 6 de julio* (recurso núm. 610/2019), FD 4º.2, en la *STS núm. 612/2021, de 20 de septiembre* (recurso 4896/2018), FD 1º, en la *STS núm. 613/2021, de 20 de septiembre* (recurso núm. 4968/2021), FD 1º y en la *STS núm. 625/2021, de 22 de septiembre* (recurso núm. 5308/2018), FD 1º.

ropea –que, como sabemos, exige dar cumplimiento a otros dos principios: el de no vinculación de los consumidores a las cláusulas abusivas (art. 6.1 de la Directiva 93/13/CEE) y el del efecto disuasorio del uso de cláusulas abusivas en los contratos no negociados celebrados con consumidores (art. 7.1 de la Directiva 93/13/CEE)– la aplicación de la *excepción*[141] al prin-

[141] Excepción que, sin embargo, aplica subrepticiamente la *STS núm. 7/2021, de 18 de enero* (recurso núm. 2461/2017) para *"castigar"* lo que entiende como "incongruencias" procesales de la parte recurrente, incluso ante el allanamiento de la parte recurrida (FD 3º.2): "En las peticiones [i] del *escrito de interposición del recurso de casación* los demandantes interesan la condena a la devolución de cuantas cantidades haya cobrado la demandada como consecuencia de la aplicación de las referidas cláusulas. [ii] En su *demanda*, solicitaron la devolución de todas las cantidades abonadas de más por aplicación de la cláusula suelo, y [iii] en la *audiencia previa* modificaron su petitum aquietándose a la doctrina de la sala que limitaba la devolución de las cantidades indebidamente cobradas únicamente a partir de la publicación de la sentencia de esta sala de 9 de mayo de 2013, y [iv] luego se aquietaron a la sentencia de primera instancia que condenó a la demandada a reintegrar a la parte actora las cantidades percibidas como consecuencia de la aplicación de todas las cláusulas que declaraba nulas "desde el día 9 de mayo de 2013, hasta la fecha en que ha quedado amortizado el préstamo, con los intereses legales devengados desde el 21/03/13". [v] Al *oponerse al recurso de apelación* interpuesto por la demandada, los demandantes refirieron que el préstamo ya estaba cancelado desde noviembre de 2015 con el pago de todas las cuotas, y solicitaron expresamente la "restitución de las cantidades abonadas de más, intereses de demora y costas, de conformidad con el fallo de la sentencia que es objeto de recurso". La conclusión asociada a esta narrativa se separa de la jurisprudencia europea: "[H]a sido el allanamiento de la demandada-recurrida y su expresa manifestación de que devolverá todas las cantidades indebidamente cobradas en virtud de la cláusula suelo lo que ha permitido salvar las serias dudas de derecho derivadas de la actuación procesal de los demandantes a efectos de congruencia, por lo que *procede aplicar la salvedad prevista en el art. 394.1 LEC, para las costas de la primera instancia, y esa misma salvedad, por la remisión del art. 398.1 LEC a ese mismo art. 394.1, para las costas de la segunda instancia*".

Por otro lado, el reciente afán del Tribunal Supremo por *limitar* en lo posible el alcance del derecho comunitario y de la jurisprudencia tuitiva del TJUE, vuelve a manifestarse en la *STS núm. 40/2021, de 2 de febrero* (recurso núm. 650/2018), apresurándose a dejar claro que "la doctrina jurisprudencial sobre la no aplicación de la excepción al principio del vencimiento en la imposición de costas, por razón de las serias dudas de derecho, *es aplicable* cuando se ejercitan acciones basadas en la normativa sobre cláusulas abusivas, *pero no cuando se ejercitan acciones basadas en la Ley 23 de julio de 1908 sobre nulidad de los contratos de préstamos usurarios*" ya que, en su criterio, "[e]l recurso no contiene ningún argumento que explique por qué una acción basada exclusivamente en la Ley Azcárate, se halla incluida en el ámbito del Derecho de la UE y, en concreto, en el de la Directiva 93/13/ CEE cuya infracción invoca. La falta de una mínima justificación sobre este extremo

cipio de vencimiento objetivo por la concurrencia de serias dudas de derecho que recoge el artículo 394.1 de la Ley de Enjuiciamiento Civil:

> "*La cuestión objeto del recurso se centra en decidir si*, en los litigios sobre cláusulas abusivas, *cuando la sentencia estima la demanda y declara el carácter abusivo de la cláusula, la aplicación de la excepción al principio de vencimiento objetivo por la concurrencia de serias dudas de derecho* (art. 394.1 de la Ley de Enjuiciamiento Civil), *hace imposible o dificulta en exceso la efectividad del Derecho de la UE,* pues trae como consecuencia que el consumidor, pese a obtener la declaración de que la cláusula es abusiva y que no queda vinculado a la misma, deba cargar con parte de las costas procesales, concretamente, las causadas a su instancia y las comunes por mitad.
>
> La sentencia de la Sala Primera del Tribunal Supremo 419/2017, de 4 de julio, aplicó el principio de efectividad del Derecho de la UE, y en concreto, de la Directiva 93/13/CEE, para excluir la aplicación de la excepción, basada en la existencia de serias dudas de derecho, al principio del vencimiento objetivo en materia de costas en los litigios sobre cláusulas abusivas en que la demanda del consumidor resultaba estimada.
>
> Declaramos en esa sentencia que, *en los litigios sobre cláusulas abusivas, si en virtud de la excepción a la regla general del vencimiento por la existencia de serias dudas de hecho o de dere-*

---

conlleva que el recurso deba desestimarse" (FD 3º). En la misma línea, la *STS núm. 359/2021, de 25 de mayo* (recurso núm. 3833/2018) establece que "la doctrina jurisprudencial sobre la no aplicación de la excepción al principio del vencimiento en la imposición de costas, por razón de las serias dudas de derecho, es aplicable cuando se ejercitan acciones basadas en la normativa sobre cláusulas abusivas, *pero no cuando se ejercitan acciones de nulidad contractual por error vicio del consentimiento basadas en el Código Civil*" (FD 3º.5). Se refiere concretamente a los preceptos que regulan la nulidad contractual por error vicio del consentimiento (arts. 1265 y 1266 del Código Civil), en los que se basó la acción ejercitada, argumentando que "[e]l recurso no contiene ningún argumento que explique por qué una acción basada en dichos preceptos del Código Civil se halla incluida en el ámbito del Derecho de la UE y, en concreto, en el de la Directiva 93/13/CEE, a la que la demandante hace referencia a lo largo de su escrito de recurso, y en la normativa de desarrollo de dicha directiva, algunos de cuyos preceptos denuncia como infringidos en el recurso de casación" (FD 3º.6). Se remata el razonamiento con una remisión expresa a la sentencia anteriormente citada, cuya literalidad reproduce: "La falta de una mínima justificación sobre este extremo conlleva que el recurso deba desestimarse, tal como hicimos en la sentencia 40/2021, de 2 de febrero" (FD 3º.7).

cho, el consumidor, pese a vencer en el litigio, tuviera que pagar íntegramente los gastos derivados de su defensa y representación, no se restablecería la situación de hecho y de derecho que se habría dado si no hubiera existido la cláusula abusiva y, por tanto, el consumidor no quedaría indemne pese a contar a su favor con una norma procesal nacional cuya regla general le eximiría de esos gastos. En suma, *se produciría un efecto disuasorio inverso, pues no se disuadiría a los bancos de incluir las cláusulas abusivas en los préstamos hipotecarios, sino que se disuadiría a los consumidores de promover litigios por cantidades moderadas*. Concluimos en esa sentencia que la regla general del vencimiento en materia de costas procesales favorece la aplicación del principio de efectividad del Derecho de la Unión y, en cambio, *la salvedad a dicha regla general supone un obstáculo* para la aplicación de ese mismo principio".

La aplicación *in casu* de este razonamiento la justifica el propio órgano sentenciador[142] en términos muy claros:

"En el presente caso, la resolución recurrida ha dispuesto que el consumidor, pese a ver estimada su demanda, cargue con parte de las costas devengadas en la primera instancia, al aplicar la excepción al principio del vencimiento objetivo en la imposición de costas por la existencia de serias dudas de derecho.

Al resolver así, la resolución *no respetó* las exigencias derivadas de los arts. 6.1 y 7.1 de la Directiva 93/13/CEE y del *principio de efectividad del Derecho de la UE*, en los términos en que han sido interpretadas por nuestra sentencia 419/2017, de 4 de julio, cuyos principales argumentos han sido expuestos en párrafos anteriores, y, más recientemente, por la STJUE sentencia de 16 de julio de 2020, asuntos acumulados C-224/19 y C-259/19, *por lo que infringió las normas invocadas en el recurso*. Por tal razón, debemos revocar el pronunciamiento sobre costas de primera instancia contenido en la sentencia de la Audiencia Provincial y sustituirlo por el de la condena al banco demandado al pago de tales costas procesales".

---

142 FD 3º.6-7.

Desde otra perspectiva, es de interés destacar aquí que la *STS núm. 36/2021, de 27 de enero*[143], estimando el recurso de un consumidor, impone a la entidad bancaria las costas procesales de un litigio por cláusula suelo abusiva pese a allanarse a la demanda judicial, argumentando que había rechazado previamente una reclamación extrajudicial que tenía el mismo contenido, aunque no fuera exactamente la prevista en el artículo 3 del Real Decreto-ley 1/2017, de 20 de enero, de medidas urgentes de protección de consumidores en materia de cláusulas suelo[144]:

> "5.- Ciertamente, en el caso objeto del recurso, la actuación inicial del consumidor tuvo lugar *antes* de la entrada en vigor del RDL 1/2017. *Pero dicha actuación fue justamente la prevista en esta norma: efectuar una reclamación a la entidad financiera para que dejara de aplicar la cláusula suelo y le devolviera lo indebidamente cobrado por su aplicación.*
>
> 6.- La entidad financiera *rechazó* la solicitud. Alegó que su actuación había sido correcta y que la cláusula suelo no era abusiva. Sin embargo, interpuesta la demanda, *se allanó* a la misma.
>
> 7.- La entrada en vigor del RDL 1/2017 no tuvo trascendencia alguna en la situación producida por la reclamación del consumidor y la respuesta negativa que le dio la entidad financiera, puesto que dicha norma no contenía ninguna previsión que modificara, en lo que es relevante en el presente

[143] Recurso núm. 1358/2018.

[144] FD 3º.5-8. *Vid*, sobre el tema, Faustino CORDÓN MORENO: "Condena en costas en procedimientos promovidos por consumidores: innecesariedad de reiterar la reclamación previa prevista en el artículo 3 del RD-ley 1/2017 cuando se formuló otra antes de su entrada en vigor", en *Boletín de Novedades CESCO*, 2 de febrero de 2021.

Por otro lado, la *STS núm. 620/2021*, de 22 de septiembre (recurso núm. 3267/2018), rechaza la imposición de costas ante el allanamiento del banco prestamista "*porque cinco días antes de interponer su demanda, el banco les había ofrecido [a los demandantes] lo que posteriormente constituyó sustancialmente el objeto de la pretensión principal de la demanda*" (FD 3º.14). En esta materia, es necesario tener en cuenta la muy reciente STC núm. 156/2021, de 16 de septiembre (recurso de inconstitucionalidad núm. 1960-2017), que declara inconstitucionales los artículos 2.2 (el inciso "persona física") y 4.1 y 2 (exclusión de condena en costas al banco) del citado Real Decreto-ley 1/2017.

> recurso, la situación existente antes de su entrada en vigor: *si el consumidor formulaba la reclamación a la entidad financiera para que dejara de aplicar la cláusula suelo y le devolviera lo cobrado en su aplicación, la entidad financiera la rechazaba, el consumidor interponía una demanda y la entidad financiera se allanaba, que es lo sucedido en este caso, había de entenderse que concurría mala fe en la demandada a efectos de su condena en costas*. Esta era la solución procedente en estos casos con anterioridad a la entrada en vigor del RDL 1/2017, por aplicación del régimen general del art. 395.1 de la Ley de Enjuiciamiento Civil, y también lo fue con posterioridad, por la aplicación de lo previsto en dicho RDL 1/2017.
>
> 8.- A la vista de lo expuesto, *el pronunciamiento de la Audiencia Provincial al no imponer las costas a la entidad financiera allanada* porque el consumidor no volvió a formular la reclamación, *carece de justificación e infringe los arts. 3 y 4 RDL 1/2017, interpretados a la luz de la letra y de la finalidad de los arts. 6.1 y 7.1 de la Directiva 93/13/CEE*, puesto que concurrió el supuesto de hecho que aquellos preceptos prevén como *presupuesto* de la condena en costas de la entidad financiera: *el consumidor reclamó a la entidad financiera, esta rechazó la reclamación y posteriormente se allanó a la demanda del consumidor*".

No obstante, los abogados deberán ser muy cuidadosos con la formulación y los términos de la reclamación extrajudicial para no enervar la imposición de costas procesales al banco, pues en torno a ella parece asomar recientemente uno de los habituales zigzagueos jurisprudenciales orientados a restringir el alcance de la protección jurídica de las víctimas de los abusos bancarios. Según la *STS núm. 131/2021, de 9 de marzo*[145]:

> "La exigencia de que el consumidor haya realizado previamente un requerimiento extrajudicial *en términos y plazos tales que permitan al requerido dar una respuesta satisfactoria* para que, en caso de que el demandado se allane a la demanda, el consumidor no tenga que correr con sus propias costas, *no supone un obstáculo desproporcionado* a la efectividad de

145 Recurso núm. 5108/2017, FD 5º.14.

la Directiva 93/13/CEE y, en concreto, a que el consumidor pueda quedar desvinculado de la cláusula abusiva sin tener que afrontar los gastos de su abogado y su procurador, pues *no hace imposible en la práctica ni excesivamente difícil el ejercicio de los derechos que la Directiva confiere al consumidor*, al ser una exigencia fácil de cumplir".

Concretando un poco más, el criterio *cautelar* que aplica ahora el Tribunal Supremo se basa en que el requerimiento determinante de la existencia de mala fe en la entidad financiera que no accede a satisfacer lo que se le exige (y que conlleva su condena en costas aunque posteriormente se allane a la demanda) es, únicamente, aquel que es *apto* para evitar el litigio[146]. Y esta *aptitud* tiene como presupuesto ofrecer a la entidad prestamista requerida la *oportunidad real* de satisfacer extrajudicialmente la pretensión que se le formula, de modo que, si no lo hace, pone al consumidor en la necesidad de acudir a los tribunales para desvincularse de la cláusula abusiva y conseguir la reversión de sus efectos. En conclusión: *no es apto* para evitar el litigio un *requerimiento masivo*, por estar referido a una pluralidad de relaciones jurídicas mantenidas con personas distintas, que no deja un *plazo razonable* al requerido para atender a la pretensión de los requirentes[147].

---

[146] FD 5º.11.

[147] En el caso enjuiciado, una vez sentado, empero, que no es necesaria la reiteración, por parte de la entidad bancaria, de su negativa a satisfacer la pretensión del reclamante (*cfr.* su FD 5º.9: "Basta con que no haya dado respuesta a la reclamación extrajudicial, o haya dado una respuesta negativa, para que su posterior allanamiento no le exima de la condena en costas, *sin necesidad de que el consumidor reitere su reclamación o la entidad financiera reitere su negativa*"), se aduce el siguiente razonamiento: "Las circunstancias concurrentes (en concreto, que el requerimiento extrajudicial [i] estuviera referido a *veintiséis préstamos distintos de veintiséis clientes del abogado que formuló la reclamación*, [ii] se concediera a la entidad requerida *48 horas* para cumplir las exigencias –exclusión de la cláusula suelo y devolución de lo cobrado por la aplicación de la misma en los préstamos de veintiséis clientes distintos– y [iii] se interpusiera la demanda *seis días naturales* después de la práctica del requerimiento) suponen que *no existió un requerimiento extrajudicial apto para evitar el litigio*, pues era prácticamente imposible que, en un lapso de tiempo tan breve, la entidad requerida pudiera localizar los préstamos, analizar su documentación, acceder a eliminar las cláusulas suelo, calcular las cantidades indebidamente cobradas y reintegrarlas a los veintiséis prestatarios" (FD 5º.10). Por otro lado, la *STS núm. 394/2021, de 8 de junio* (recurso núm.

Desde luego, no deja de resultar curioso que, a la vista de la jurisprudencia española y europea de los últimos años, el tribunal pueda argüir que las entidades bancarias responsables de los abusos no han tenido tiempo suficiente para calcular de manera expeditiva –a día de hoy– los daños que su mala praxis ha producido en su maltrecha clientela, por mucho que el letrado que formula la reclamación represente los intereses de veintiséis clientes a la vez, lo que la sentencia estima *"prácticamente imposible"* de gestionar para una entidad como *CaixaBank*, que contaba –a diciembre de 2020– con 35.434 empleados distribuidos en 4.208 oficinas[148].

2737/2018), sin duda infravalorando la capacidad de gestión de Banco Sabadell SA, no considera suficiente un plazo de *diez días* para que la entidad bancaria pueda atender el requerimiento extrajudicial determinante de la existencia de mala fe, *"sin que proceda entrar a valorar la corrección del plazo concreto considerado por la Audiencia Provincial como razonable para entender que se ha dado a la demandada la oportunidad de atender el requerimiento, quince días hábiles"* (FD 5º.3).

[148] https://www.caixabank.com/es/sobre-nosotros/nuestro-negocio/principales-datos.html#. Sin embargo, la *STS núm. 621/2021, de 22 de septiembre* (recurso núm. 5364/2018) sí considera suficiente el transcurso de tres meses entre la práctica del primer requerimiento y la interposición de la demanda (FD 4º.2).

8. Reflexión final: es la hora del legislador

Sin perjuicio de reconocer, aún con sus *quiebros* y *zigzagueos*, los avances experimentados en la protección jurídica de los consumidores por impulso de los tribunales españoles y europeos, no estaría de más, a modo de recapitulación valorativa, reclamar la función –más *rectilínea*– que corresponde al legislador en los sistemas jurídicos continentales europeos, muy singularmente en el español, donde, en demasiadas ocasiones, muestra aquél signos preocupantes de pereza y dejadez. Como hemos puesto de relieve[149], el ordenamiento jurídico español ni siquiera dispone de una norma de derecho interno que regule la prescripción de las acciones restitutorias derivadas como consecuencia de la declaración de nulidad de una condición general de la contratación, con lamento general de la llamada "jurisprudencia menor"[150].

Esta dejación y abandono de las funciones parlamentarias, especialmente en tiempos de convulsión y precariedad, además de obligar a los ciudadanos a soportar una *pérdida de oportunidad* inaceptable, ha llevado en ocasiones a los jueces y tribunales españoles a construir la protección de las víctimas de abusos insoportables buscando equilibrios imposibles

149 *Supra*, 7.4.

150 *Cfr.* la ya citada *SAP de Pontevedra núm. 578/2020*, FD 3º: "[E]l problema es determinar cuándo empieza a correr el plazo, máxime cuando *no disponemos en la actualidad de norma de derecho interno que resuelva acerca de la prescriptibilidad de las acciones restitutorias* que derivan como efecto de la declaración de nulidad de una cláusula contractual o de una condición general de la contratación".

sobre soportes jurídicos poco apropiados, con las correspondientes consecuencias[151]. Desafortunadamente, no podemos

[151] Muy ilustrativa al respecto es la *STJUE (Gran Sala) de 21 de diciembre de 2016 (asuntos acumulados C-154/15, C3-07/15 y C-308/15)* [ECLI:EU:C:2016:980], que desautoriza la polémica categoría de la *"nulidad irretroactiva"* de las clausulas limitativas de la variabilidad de los tipos de interés, introducida por la ya citada *STS núm. 241/2013, de 9 de mayo*. El TJUE es contundente al establecer que los órganos jurisdiccionales [españoles] remitentes de las cuestiones prejudiciales planteadas *"deberán abstenerse de aplicar, en el ejercicio de su propia autoridad, la limitación de los efectos en el tiempo que el Tribunal Supremo acordó en la sentencia de 9 de mayo de 2013, puesto que tal limitación no resulta compatible con el Derecho de la Unión"* (apartado 74), con el consiguiente coste reputacional para el sistema judicial español. En consecuencia, el TJUE decide, con meridiana claridad, que: "[e]l artículo 6, apartado 1, de la Directiva 93/13/CEE del Consejo, de 5 de abril de 1993, sobre las cláusulas abusivas en los contratos celebrados con consumidores, debe interpretarse en el sentido de que *se opone a una jurisprudencia nacional que limita en el tiempo los efectos restitutorios vinculados a la declaración del carácter abusivo*, en el sentido del artículo 3, apartado 1, de dicha Directiva, de una cláusula contenida en un contrato celebrado con un consumidor por un profesional, circunscribiendo tales efectos restitutorios exclusivamente a las cantidades pagadas indebidamente en aplicación de tal cláusula *con posterioridad* al pronunciamiento de la resolución judicial mediante la que se declaró el carácter abusivo de la cláusula en cuestión". Aún sin compartir algunas de sus consideraciones, *vid.*, Ignacio GOMÁ LANZÓN y Segismundo ÁLVAREZ ROYO-VILLANOVA: "El TJUE declara la retroactividad de la nulidad de las cláusulas suelo, desautorizando a nuestro TS", en *Hay Derecho*, 22 de diciembre de 2016, en cuyo criterio: *"[l]a sentencia del TJUE es lógica y correcta y supone un revolcón a nuestro Alto Tribunal"*.

También es significativo, por citar un caso más reciente, el *Auto del Tribunal de Justicia de la Unión Europea (Sala Sexta), de 25 de marzo de 2021 (asunto C-503/20)* [ECLI:EU:C:2021:254], cuyo objeto es resolver una petición de decisión prejudicial planteada, con arreglo al artículo 267 TFUE, por *Auto de la Audiencia Provincial de Las Palmas de Gran Canaria de 14 de septiembre de 2020* (recurso núm. 156/2020), que recibe un severo correctivo. En efecto, el TJUE desestima la primera cuestión prejudicial aplicando el artículo 53.2 de su Reglamento de Procedimiento (petición *manifiestamente inadmisible*), y hace lo mismo con la segunda cuestión aplicando el artículo 99 de su Reglamento de Procedimiento (respuesta a una petición que *puede deducirse claramente* de la jurisprudencia o que *no suscita ninguna duda razonable*). El Auto del TJUE establece que la normativa comunitaria en materia de crédito al consumo –Directivas 87/102/CEE y 2008/48/CE– "no se opone[n] a una normativa nacional, tal y como la interpreta la jurisprudencia nacional, que establece una *limitación de la tasa anual equivalente que puede imponerse al consumidor en un contrato de crédito al consumo con el fin de luchar contra la usura*, siempre que esta normativa no contravenga las normas armonizadas por estas Directivas en lo que en particular se refiere a las obligaciones de información". También pone de relieve las carencias argumentales del órgano jurisdiccional remitente (*vid.*, especialmente, apartados 22, 23, 34, 36-39 y 41-45)

dejar de reseñar que, en esta búsqueda de remedios, se han cometido gravísimos errores –en el mejor de los casos– que han causado un enorme daño en la imagen social de la administración de justicia y también, por extensión, en el crédito y reputación de las instituciones democráticas[152] asentadas

---

a la hora de fundamentar y exponer sus reparos a la aplicación de la Ley Azcárate de 23 de julio de 1908 para limitar los abusos bancarios en la comercialización de las denominadas tarjetas *revolving*. Reticencias que, por otra parte, ya habían sido claramente despejadas por la *STS núm. 149/2020, de 4 de marzo* (recurso núm. 4813/2019), FD 3º-5º, siguiendo la doctrina jurisprudencial sentada en la *STS núm. 628/2015, de 25 de noviembre* (recurso núm. 2341/2013), FD 3º y 4º.

[152] Piénsese en el desgraciado episodio protagonizado por Luis María Díez-Picazo Jiménez, quien fuera Presidente de la Sala Tercera del Tribunal Supremo, cuya impericia conmocionó no solamente a la comunidad jurídica, sino a la entera ciudadanía española el 19 de octubre de 2018, al avocar al Pleno de la Sala una materia ya decidida por la *STS núm. 1505/2018, de 16 de octubre* (recurso núm. 5350/2017) y, posteriormente, por la *STS núm. 1523/2018, de 22 de octubre* (ROJ STS 3511/2018) y por la *STS núm. 1531/2018, de 23 de octubre* (ROJ STS 3519/2018) en materia de imputación en cláusulas abusivas de gastos hipotecarios derivados del Impuesto de Actos Jurídicos Documentados, que anularon el artículo 68.2 del Reglamento del impuesto, aprobado por Real Decreto 82/1995, de 25 de mayo, por ser contrario a la ley, declarando al *prestamista* sujeto pasivo del tributo. La avocación se realizaba mediante una "nota informativa" carente de cualquier tipo de fundamentación jurídica, que causó un grave problema de seguridad jurídica y una quiebra sin precedentes de la confianza ciudadana en el sistema judicial. Las tres sentencias –firmes– citadas fueron "desautorizadas" por otras tres aprobadas por 15 votos contra 13, precedidas de tensos debates no siempre de carácter jurídico: la *STS núm. 1669/2018, de 27 de noviembre* (recurso núm. 5911/2017), la *STS núm. 1670/2018, de 27 de noviembre* (recurso núm. 1049/2017) y la *STS núm. 1671/2018, de 27 de noviembre* (recurso núm. 1653/2017). Estas tres últimas sentencias retroceden a la jurisprudencia anterior a la sentencia de 16 de octubre citada, declarando que el sujeto pasivo en el impuesto sobre actos jurídicos documentados de una escritura pública de constitución de un préstamo con garantía hipotecaria *vuelve a ser el prestatario*. Pero no pudieron evitar que esta maniobra –sin precedentes– causara honda decepción en amplios sectores sociales, que creyeron ver en ella una carrera *trompicada*, saltando gándaras y arcabuzales, para proteger los intereses de los más poderosos.

Esta *kafkiana* situación fue rematada por el *Real Decreto-ley 17/2018, de 8 de noviembre*, por el que se modifica el Texto Refundido de la Ley del Impuesto sobre Transmisiones Patrimoniales y Actos Jurídicos Documentados, aprobado por el Real Decreto Legislativo 1/1993, de 24 de septiembre, en cuyo artículo único se vuelve a establecer que, cuando se trate de escrituras de préstamo con garantía hipotecaria, se considerará sujeto pasivo *de nuevo al prestamista*.

No obstante, cabe matizar que esta reforma tiene efectos a partir de su entrada en vigor (Disposición final tercera), es decir, se refiere a las hipotecas firmadas desde el 10 de noviembre de 2018. En consecuencia, *las hipotecas firmadas desde*

en un soporte constitucional. Todo ello ha ocasionado que se extienda en amplios sectores de la sociedad española –y también de los profesionales del Derecho– la percepción *in crescendo* de un sesgo jurisprudencial en favor de los intereses del estamento hegemónico[153], que resulta devastadora en términos reputacionales.

La situación creada en el sistema de fuentes suscita en los juristas una *grave preocupación*, máxime si se tiene en cuenta que, en el sistema constitucional español, las Cortes Generales ejercen la potestad legislativa del Estado[154] a título de representantes del pueblo español[155], en quien reside la soberanía nacional[156]. Es urgente que los representantes políticos en un sistema democrático vayan dejando de lado sus *sobreactuaciones* hueras e hiperbólicas en las tribunas públicas –incluidas las parlamentarias– y asuman proactivamente su responsabilidad en la producción del Derecho[157] y en la

el 10 de noviembre de 2018 no tendrán que hacer frente al impuesto y, sin embargo, para recuperar la devolución del impuesto ya pagado de hipotecas constituidas con anterioridad, el camino es prácticamente inexpugnable.

El propio Presidente del Tribunal Supremo –que no el de la Sala Tercera a la sazón– se vio obligado a pedir disculpas a los ciudadanos públicamente (*El país*, 25 de octubre de 2018). Queda por conocer si los destinatarios de tal petición la han aceptado o si, por el contrario, la consideran insuficiente. Quizá algunos hayan echado en falta la implementación de medidas tendentes a la reconstrucción del destrozo reputacional, o incluso a la reparación del enorme perjuicio patrimonial causado a una ciudadanía ya muy castigada por la crisis económica y su gestión.

153 A la enmienda de esta percepción no ayudan determinadas apariciones en los medios de comunicación de profesionales de la judicatura, sacralizando la prevalencia de los intereses de las clases dominantes. *Vid.*, *v.gr.*, el artículo "Todavía hay jueces en Berlín", firmado por el magistrado Enrique López (*La razón*, 31 de mayo de 2010), donde –negro sobre blanco– escribe: "*Un juez no puede nunca convertirse en un transformador social*, esto ya lo hace la sociedad por sí misma, no estamos invitados a esto. *Nuestra obligación es el mantenimiento del status quo* (sic.) *y no forzar cambios sociales*".

154 Artículo 66.2 de la Constitución española de 1978.

155 Artículo 66.1 de la Constitución española de 1978.

156 Artículo 1.2 de la Constitución española de 1978.

157 *Vid.*: Juan Luis REQUEJO PAGÉS: "La agonía de la democracia", en el *Blog del Centro de Estudios Políticos y Constitucionales*, 29 de abril de 2020: "Si la *esencia* de la democracia es, para Kelsen, su condición de método de producción de la voluntad del Estado a través de una asamblea elegida por sufragio universal, su *valor* radica en que constituye el método más pertinente para determinar el

regulación de las condiciones de su ejercicio, con el propósito de mejorar las condiciones de vida de una ciudadanía sobrecogida y desorientada.

Las inevitables oscilaciones jurisprudenciales[158] quedarían sustancialmente contenidas con el establecimiento de un marco jurídico-positivo sistemático que sea capaz de rescatar el principio de *seguridad jurídica* mediante la incorporación de un engranaje normativo moderno y equilibrado para la integración de los intereses en juego, prestando especial atención no solo a los intereses legítimos de los acreedores, sino también a la protección jurídica de la parte más vulnerable y expuesta a los rigores de la intemperie económico-financiera[159].

En efecto, la regulación en el siglo de las grandes corporaciones ha de abordarse sin demora por el *poder legislativo*

contenido de la ley en un contexto en el que no es posible, por principio, identificar racionalmente el bien y la verdad".

158 Sobre las variaciones, quiebros y contradicciones de la jurisprudencia del Tribunal Supremo en materia de cláusulas suelo, puede verse Alicia AGÜERO ORTIZ: "Análisis jurisprudencial de la evolución del control de transparencia de las cláusulas suelo", en *CESCO*, 36 (2020), pp. 90-103.

159 Buena prueba de las lagunas que evidencia la que podemos denominar "solución jurisprudencial" es la discutible interpretación que hace el Tribunal Supremo español de la *Sentencia del Tribunal de Justicia de la Unión Europea (Sala Cuarta) de 9 de julio de 2020 (asunto C-452/18)* sobre la posibilidad de que una cláusula de un contrato celebrado entre un profesional y un consumidor –cuyo carácter abusivo puede ser declarado judicialmente– pueda ser objeto de un contrato de novación entre ese profesional y ese consumidor, mediante el cual éste último renuncia a los efectos (ventajas) que pudieran derivarse de la declaración del carácter abusivo de la citada cláusula, siempre que la renuncia proceda de un consentimiento libre e informado; o sobre el control de abusividad de la citada renuncia en caso de no haber sido negociada individualmente; o en cuanto a la no vinculación al consumidor de la renuncia –en relación con controversias futuras– a las acciones judiciales basadas en los derechos reconocidos en la Directiva 93/13/CEE. Pueden verse, entre otras, la *STS núm. 205/2018, de 11 de abril* (recurso núm. 751/2017), la *STS núm. 580/2020, de 5 de noviembre* (recurso núm. 4025/2016), la *STS núm. 581/2020, de 5 de noviembre* (recurso núm. 71/2017), la *STS núm. 675/2020, de 15 de diciembre* (recurso núm. 4246/2016) y la *STS núm. 692/2020, de 28 de diciembre* (recurso núm. 198/2017). En la literatura jurídica, *vid.* Manuel Jesús MARÍN LÓPEZ: *El acuerdo novatorio sobre la cláusula suelo del préstamo hipotecario*, ed. Reus, Madrid, 2019: *passim*. Más recientemente, puede verse la *STJUE (Sala Séptima) de 29 de abril de 2021 (asunto C-19/20)* [ECLI:EU:C:2021:341], apartado 49.

del Estado, y su centro de gravedad debe estar focalizado en la protección de un consumidor especialmente vulnerable sometido –con singular virulencia desde 2008– a un *extraordinario sobreesfuerzo* para defenderse en sede judicial de las injusticias y abusos cometidos por buena parte del sector bancario y financiero a lo largo de las últimas décadas[160].

Importa destacar aquí que, últimamente, también se hace eco de las situaciones de especial vulnerabilidad de los consumidores, sin duda exacerbadas por la pandemia COVID-19, pero existentes con independencia de ella, la *Nueva Agenda del Consumidor*[161] elaborada por la Unión Europea para el período 2020-2025, en los términos siguientes:

> "Los instrumentos políticos en materia de consumidores protegen a todos los consumidores en sus tratos con comerciantes profesionales. Se supone que, en general, los consumidores son *la parte más débil* en una transacción y que, por consiguiente, sus intereses sanitarios, económicos y de seguridad requieren protección. Sin embargo, *algunos grupos de consumidores en determinadas situaciones pueden ser particularmente vulnerables y necesitar salvaguardias específicas.* La vulnerabilidad de los consumidores puede deberse a circunstancias sociales o a características particulares de consumidores individuales o grupos de consumidores, tales como su edad, género, estado de salud, alfabetización digital, capacidad de cálculo o situación económica. Una falta de accesibilidad puede poner a las personas mayores o con discapacidad en situaciones de exclusión o limitar sus interacciones. Estas

[160] *Vid.* Matilde CUENA CASAS: "El 'consumidor financiero' necesita una autoridad pública que le proteja", en *Hay Derecho*, 16 de enero de 2017, donde escribe acertadamente: *"La opción del legislador español ha sido la del control judicial, lo que hace que el sistema sea en sí mismo abusivo porque exige un sobreesfuerzo extraordinario del consumidor para defenderse del empresario, lo que hace que su protección sea de muy bajo nivel"*. En la misma entrada, la autora comienza diciendo: "Si hay algo que se ha puesto de manifiesto en la actual crisis financiera es que no sólo *se han concedido préstamos de manera irresponsable* a sujetos que no tenían solvencia adecuada para devolverlos, sino que, además, *se han cometido abusos en la contratación bancaria*. Esto ya nadie lo discute".

[161] *Comunicación de la Comisión al Parlamento Europeo y al Consejo. Nueva Agenda del Consumidor. Reforzar la resiliencia del consumidor para una recuperación sostenible*, Bruselas, 13 de noviembre de 2020. COM (2020) 696 final.

formas de vulnerabilidad pueden haberse exacerbado por la actual pandemia, pero existen independientemente de ella.

El aumento de la vulnerabilidad financiera de muchos hogares de la UE resulta especialmente preocupante en la actualidad. Una encuesta realizada recientemente en veintiún Estados miembros demostró que, desde el comienzo de la crisis de la COVID-19, seis de cada diez consumidores han experimentado dificultades financieras, lo cual puede conducir al sobreendeudamiento. *El asesoramiento en materia de endeudamiento ha demostrado ser una manera eficaz para ayudar a los consumidores sobreendeudados a volver a la sostenibilidad financiera, a la vez que garantiza que se pague a los acreedores.* La Comisión está recopilando las mejores prácticas de los Estados miembros, examinando su posible reproducción e identificando las necesidades y oportunidades de financiación en el marco del nuevo MFP. Asimismo, en junio de 2020, la Comisión publicó la versión actualizada del código de conducta para la provisión de microcréditos en la UE. La revisión de la Directiva sobre crédito al consumo implicará evaluar la manera de mejorar las normas que garantizan que los créditos solo se otorguen junto con una evaluación exhaustiva de la solvencia de los consumidores. Los consumidores también deben recibir toda la *información* precontractual y el *asesoramiento* necesarios y adecuados para tomar decisiones informadas a la hora de celebrar contratos de crédito.

Estas medidas son fundamentales para equiparar las necesidades financieras de los consumidores a su capacidad de reembolso y, de este modo, *reducir el riesgo de incumplimiento de pago y sobreendeudamiento*. No obstante, en ocasiones pueden no ser capaces de reembolsar sus deudas cuando sean exigibles. Por consiguiente, puede ser necesario evaluar los medios más adecuados para tratar el sobreendeudamiento de los consumidores, incluida la exoneración de deudas".

En esta línea parece querer insertarse muy recientemente el *Real Decreto-ley 1/2021, de 19 de enero, de protección de los consumidores y usuarios frente a situaciones de vulnerabilidad social y económica*[162], que introduce en el artículo 3 del

[162] *BOE* núm. 17, de 20 de enero de 2021.

TRLGDCU 1/2007, de 16 de noviembre, el concepto de "persona consumidora vulnerable" en los siguientes términos:

> "2. Asimismo, a los efectos de esta ley y sin perjuicio de la normativa sectorial que en cada caso resulte de aplicación, tienen la consideración de *personas consumidoras vulnerables* respecto de relaciones concretas de consumo, aquellas *personas físicas* que, de forma individual o colectiva, por sus características, necesidades o circunstancias personales, económicas, educativas o sociales, se encuentran, aunque sea territorial, sectorial o temporalmente, en una *especial situación de subordinación, indefensión o desprotección que les impide el ejercicio de sus derechos como personas consumidoras en condiciones de igualdad*".

El texto del Real Decreto-ley contiene una serie de manifestaciones y declaraciones programáticas sin duda bienintencionadas y quizá también de cierta utilidad[163], pero cla-

[163] Una consideración sobre las dudas que afloran en torno al concepto de "persona consumidora vulnerable", especialmente en lo que respecta a su influencia en el control de transparencia de las cláusulas predispuestas que regulan el objeto principal del contrato, puede verse, en forma de interrogantes, en Manuel Jesús MARÍN LÓPEZ: "Sobre el concepto de 'consumidor vulnerable' en la Ley General para la Defensa de los Consumidores y Usuarios", en *Hay Derecho*, 2 de febrero de 2021. Para el autor, "[u]na última reflexión, en relación con el control de transparencia de las cláusulas predispuestas que versan sobre el objeto principal del contrato. Conforme a una consolidada doctrina, para que la cláusula sea transparente el consumidor debe conocer las consecuencias económicas y jurídicas de la cláusula. Tradicionalmente el TJUE y el TS han entendido que el empresario debe facilitar esa información, pero la jurisprudencia más reciente del TS admite que el consumidor puede conocer esos datos por otras vías. La pregunta que cabe formular es la siguiente: ¿tiene el empresario que ajustar la información que facilita a las características de cada consumidor? ¿Ha de tener en cuenta, por ejemplo, que el consumidor es un analfabeto funcional o una persona anciana con dificultades cognitivas? La doctrina clásica del TS es que el consumidor debe conocer cierta información, lo que exige al empresario adaptar la información suministrada a cada concreto consumidor. Pero la doctrina más reciente del TS (sobre la cláusula IRPH y los acuerdos novatorios sobre cláusula suelo) sostiene que basta con que el empresario informe de cierta información (estandarizada) para que el consumidor medio (normalmente informado y razonablemente atento y perspicaz) pueda entenderla. Tras la reforma del TRLGDCU, cabe preguntarse lo siguiente: para superar el control de transparencia material, ¿debe el empresario facilitar la información precontractual adaptada a las circunstancias particulares del destinatario (consumidor vulnerable) de forma que se asegure su adecuada comprensión, como requiere el nuevo art. 20.2 TRLGDCU?".

ramente insuficientes para la consecución del propósito que expresa en su larguísimo Preámbulo: "*garantizar con un grado mayor de protección a los derechos en determinados supuestos en los que la persona consumidora se ve afectada por una especial situación de vulnerabilidad que puede incidir en su toma de decisiones e, incluso, forzarla a aceptar ciertas condiciones contractuales que en otra situación no aceptaría*".

En resumidas cuentas, el legislador nacional debe acometer sin dilación, con técnica depurada y de manera proactiva, una tarea modernizadora en orden a la protección de las posiciones jurídicas asimétricas de corte parecido a lo que ha hecho la *Ley 5/2019, de 15 de marzo, reguladora de los contratos de crédito inmobiliario*, pero con menos retraso y mucha más ambición[164] de cara a aprovechar las oportunidades[165] que ofrece la Nueva Agenda del Consumidor de la Unión Europea para el período 2020-2025, incorporando, entre otras

---

164 Sin perjuicio de la valoración favorable que está mereciendo la LCCI en sectores profesionales. Véase el editorial que publica la revista *Escritura Pública*, ed. Consejo General del Notariado, 130 (2021), p. 5, haciendo un *balance positivo* de su aplicación al haber aumentado la transparencia y la seguridad jurídica de los préstamos hipotecarios: "Lo que sin duda puede afirmarse tras dos años de su aplicación es que las personas que contratan una hipoteca *reciben hoy una información más completa y transparente*, que les permite comparar escenarios y prever situaciones futuras".

165 Algunas reflexiones sobre las posibles vías para abordar el encauzamiento normativo *(a priori)* y no meramente jurisprudencial *(a posteriori)* de las técnicas de protección jurídica de los consumidores, pueden verse en Jorge TOMILLO URBINA: "Planteamientos y perspectivas del Derecho de consumo en las sociedades en crisis: nuevos desafíos, nuevas discriminaciones", en Tomillo Urbina, J. (dir.) y Álvarez Rubio, J. (coord.): *La protección jurídica de los consumidores en el espacio euroamericano*, ed. Comares, Granada, 2014, pp. 1-23, con referencias a cuestiones como el enfoque *stakeholder* y la economía de la reputación, el sobreendeudamiento y el principio de corresponsabilidad o la funcionalidad de la *Dodd-Frank Wall Street Reform and Consumer protection Act* estadounidense de 21 de julio de 2010 (*Public Law* 111–203-july 21, 2010). En la presentación de la citada Ley, el Presidente Obama ponía de manifiesto las enormes dificultades anudadas a la decisión de acometer en USA una regulación sistemática y equilibrada de esta materia –desde el sistema y para mejorar el sistema–, afirmando que tuvo que soportar durísimas presiones *("furious lobbying")* por parte de grupos de interés poderosos y sectores sociales reacios a cualquier cambio en las estructuras de un sistema financiero que se gobierna por reglas anticuadas y mal aplicadas *("antiquated and poorly enforced rules")*.

cosas, el enfoque *stakeholder*[166] y la incipiente -pero también sugerente- *"economía de la reputación"*[167] y del valor de los intangibles.

Una buena manera de empezar esta ineludible tarea sería elaborar una regulación sistemática y completa del *control de transparencia* en los contratos no negociados con consumidores y su interacción con el control de abusividad. Es inaplazable poner punto final a la inseguridad jurídica generada por la variabilidad del Tribunal Supremo y las continuas rectificaciones que se ve obligado a realizar -algunas veces a regañadientes- como consecuencia de la jurisprudencia del TJUE, de cara a garantizar, de manera efectiva, la protección de los intereses económicos de los consumidores, dando cumplimiento pleno al principio de *primacía* del Derecho de la Unión Europea.

166 Para los inicios, *vid.* R. Edward FREEMAN: *Strategic Management: a Stakeholder Approach*, ed. Pitman, Marshfield, MA, 1984.

167 *Vid.* la reconocida y pionera obra de Charles J. FOMBRUN: *Reputation: Realizing Value from the Corporate Image*, ed. Harvard Business School Press, Cambridge, MA, 1996.

REFERENCIAS

AYO JIMÉNEZ, Gonzalo: "Actualidad sobre la prescripción de la restitución de gastos hipotecarios", en *Elderecho.com*, 26 de enero de 2021.

AGÜERO ORTIZ, Alicia.: "Cláusula de gastos en la STJUE de 16.7.2020: ¿más gastos restituibles; extensión del plazo para instar la restitución y condena en costas si la cláusula se declara abusiva?", en *Boletín de novedades CESCO*, 24 de julio de 2020.

AGÜERO ORTIZ, Alicia: "Análisis jurisprudencial de la evolución del control de transparencia de las cláusulas suelo", en *CESCO*, 36 (2020), pp. 90-103.

ALFARO ÁGUILA-REAL, Jesús: "Función económica y naturaleza jurídica de las condiciones generales de la contratación", en *Comentarios a la Ley de Condiciones Generales de la Contratación* (A. Menéndez/L. Díez-Picazo dirs.), Madrid, 2002, pp. 75-93.

ALFARO ÁGUILA-REAL, Jesús: "Artículo 1", en *Comentarios a la Ley de Condiciones Generales de la Contratación* (A. Menéndez/L. Díez-Picazo dirs.), Madrid, 2002, pp. 97-141.

ALFARO ÁGUILA-REAL, Jesús: "Las acciones de nulidad de pleno derecho son imprescriptibles, las de restitución, no", en *El Almacén del Derecho*, 9 de julio de 2020.

ÁLVAREZ ROYO-VILLANOVA, Segismundo: "Los gastos hipotecarios tras la última jurisprudencia (SSTS de 23-1-2019)", en *Hay Derecho*, 29 de enero de 2019.

ÁLVAREZ ROYO-VILLANOVA, Segismundo: "Los gastos de la hipoteca tras la sentencia del TJUE de 16 de julio de 2020", en *Hay Derecho*, 20 de julio de 2020.

ÁLVAREZ ROYO-VILANOVA, Segismundo: "Reclamación de gastos de hipoteca: también tasación y gestoría (STS de 27 de enero de 2021)" en *Hay Derecho*, 1 de febrero de 2021.

CÁMARA LAPUENTE, Sergio: "El concepto legal de 'consumidor' en el Derecho privado europeo y en el Derecho español: aspectos controvertidos o no resueltos", *Cuadernos de Derecho Transnacional* (marzo 2011), vol. 3, nº 1, pp. 84-117.

CÁMARA LAPUENTE, Sergio: "La STJUE 9 julio 2020 (C-452/18) sobre novaciones y renuncias relacionadas con las cláusulas suelo: ¿negociar o consentir?", en *El Almacén del Derecho*, 10 de julio de 2020.

CAYÓN DE LAS CUEVAS, Joaquín: *La prestación de servicios sanitarios como relación jurídica de consumo,* ed. Civitas-Thomson Reuters, Cizur Menor, 2017.

CORDÓN MORENO, Faustino.: "Condena en costas en procedimientos promovidos por consumidores: innecesariedad de reiterar la reclamación previa prevista en el artículo 3 del RD-ley 1/2017 cuando se formuló otra antes de su entrada en vigor", en *Boletín de Novedades CESCO*, 2 de febrero de 2021.

CUARTERO RUBIO, María Victoria: "¿Puede ser el consumidor un profesional (del póker on-line)? A propósito del asunto Personal Exchange International, C-774/19", en *Boletín de Novedades CESCO*, 20 de enero de 2021.

CUENA CASAS, Matilde: "El 'consumidor financiero' necesita una autoridad pública que le proteja", en *Hay Derecho*, 16 de enero de 2017.

DÍEZ-PICAZO, Luis: *Comentarios a la Ley de Condiciones Generales de la Contratación* (A. Menéndez/L. Díez-Picazo dirs.), Madrid, 2002, pp. 142-144.

DEL OLMO GARCÍA, Pedro: "Nulidad de pleno derecho y prescripción", en *El Almacén del Derecho*, 10 de marzo de 2021.

DEL SAZ DOMÍNGUEZ, Lucía: "¿Puede el fiador de una sociedad (cónyuge del administrador) invocar normas de protección al consumidor?", en *Boletín de novedades CESCO*, 15 de diciembre de 2020.

ESTRADA ALONSO, Eduardo: "La aplicación de la Ley de Represión de la Usura a la cláusula de intereses remuneratorios abusivos", en *Derecho privado y Derecho Público ante los tribunales de justicia* (D. Ordóñez/L. Tolívar dirs.), Madrid, 2019, pp. 113-139.

FERNÁNDEZ BENAVIDES, Miguel: "Comisión de apertura: el Tribunal Supremo zanja la controversia", en *Hay Derecho*, 30 de enero de 2019.

FOMBRUN, Charles J.: *Reputation: Realizing Value from the Corporate Image*, ed. Harvard Business School Press, Cambridge, MA, 1996.

FREEMAN, R. Edward: *Strategic Management: a Stakeholder Approach*, ed. Pitman, Marshfield, MA, 1984.

GOMÁ LANZÓN, Ignacio y ÁLVAREZ ROYO-VILLANOVA, Segismundo: "El TJUE declara la retroactividad de la nulidad de las cláusulas suelo, desautorizando a nuestro TS", en *Hay Derecho*, 22 de diciembre de 2016.

GONZÁLEZ PACANOWSCA, Isabel: "Artículo 7. No incorporación", en *Comentarios a la Ley de Condiciones Generales de la Contratación* (R. Bercovitz dir.), Elcano (Navarra), 1999, pp. 235-258.

GUTIÉRREZ ALONSO, Diego: "El IRPH. A propósito de las sentencias del Tribunal Supremo y del TJUE", en *Boletín de Derecho Privado de JJpD*, 26 (2021), pp. 2-10.

LUNA SERRANO, Agustín: "Del contrato justo por ser libre al contrato justo por ser equilibrado", en *Culpa y responsabilidad* (L. Prats/G. Tomás coords.), Cizur Menor, 2017, pp. 693-700.

LLAMAS POMBO, Eugenio: "La nulidad de las cláusulas suelo", en *Ars Iuris Salmanticensis*, vol. 1 (2013), pp. 11-17.

MARÍN LÓPEZ, Manuel Jesús: "La prescripción de la acción de nulidad de la cláusula de gastos y de la acción de restitución de los gastos abonados", en *CESCO*, 22 (2017), pp. 92-95.

MARÍN LÓPEZ, Manuel Jesús: "La condición de consumidor en los contratos con doble finalidad (personal y empresarial)", *CESCO*, 22 (2017), pp. 197-206.

MARÍN LÓPEZ, Manuel Jesús: *El acuerdo novatorio sobre la cláusula suelo del préstamo hipotecario*, ed. Reus, Madrid, 2019.

MARÍN LÓPEZ, Manuel Jesús: "La STJUE de 9 de julio de 2020 relativa a la validez del acuerdo novatorio sobre la cláusula suelo, ¿corrige la doctrina sentada en la STS de 11 de abril de 2018?", en *Boletín de novedades CESCO*, 16 de julio de 2020.

MARÍN LÓPEZ, Manuel Jesús: "El prestatario tiene derecho a recuperar íntegramente los gastos de gestoría tras la nulidad de la cláusula de gastos del préstamo hipotecario. Comentario a la STS 26 de octubre de 2020", en *Boletín de novedades CESCO*, 11 de noviembre de 2020.

MARÍN LÓPEZ, Manuel Jesús: "Sobre el concepto de 'consumidor vulnerable' en la Ley General para la Defensa de los Consumidores y Usuarios", en *Hay Derecho*, 2 de febrero de 2021.

MARÍN LÓPEZ, Manuel Jesús: "La prescripción de la acción de restitución de cantidades tras la nulidad de un crédito revolving usurario", en *CESCO*, 38 (2021), pp. 56-83.

MARTÍNEZ GÓMEZ, Sheila: "Condición de no consumidor del fiador, persona física, que tiene vínculos funcionales con la mercantil deudora", en *Boletín de novedades CESCO*, 24 de junio de 2020.

MARTÍNEZ GÓMEZ, Sheila: "Se reaviva el debate sobre la prescripción de la acción de restitución de los gastos hipotecarios tras la nota informativa del ministerio de consumo de 17.11.2020", en *CESCO*, 37 (2021), pp. 13-32.

MARTÍNEZ GÓMEZ, Sheila: "El riesgo de tipo de cambio de la «hipoteca multidivisa» a la luz de la directiva 93/13/CEE", en *Boletín de novedades CESCO*, 16 de junio de 2021.

MENÉNDEZ MENÉNDEZ, Aurelio: "El proceso de elaboración de la disciplina sobre condiciones generales en nuestro ordenamiento", en *Comentarios a la Ley de Condiciones Generales de la Contratación* (A. Menéndez/L. Díez-Picazo dirs.), Madrid, 2002, pp. 50-59.

MIQUEL GONZÁLEZ, José María: "Disposición adicional 1ª.3", en *Comentarios a la Ley de Condiciones Generales de la Contratación* (A. Menéndez/L. Díez-Picazo dirs.), Madrid, 2002, pp. 893-964.

ORDUÑA MORENO, Francisco Javier, SÁNCHEZ MARTÍN, Carlos y GUILLÉN CATALÁN, Raquel: *Control de transparencia y contratación bancaria*, ed. Tirant lo Blanch, Valencia, 2016.

Gilles PAISANT: *Droit de la Consommation*, ed. Thémis, Paris, 2019.

PANTALEÓN PRIETO, Fernando: "8 preguntas y respuestas sobre la transparencia material de las cláusulas predispuestas", en *El Almacén del Derecho*, 9 de febrero de 2020.

PANTALEÓN PRIETO, Fernando: "Las transacciones sobre cláusulas suelo", en *El Almacén del Derecho*, 13 de julio de 2020.

REQUEJO PAGÉS, Juan Luis: "La agonía de la democracia", en el *Blog del Centro de Estudios Políticos y Constitucionales*, 29 de abril de 2020.

REYES LÓPEZ, María José: "La reforma introducida en el TRLGDCU por Ley 3/2014 sobre el derecho de desistimiento e información", *Actualidad Jurídica Iberoamericana*, 2 (2015), pp. 253-292.

TOMILLO URBINA, Jorge y GOZALO LÓPEZ, Vicente: "Aportaciones al Libro Verde sobre la revisión del acervo en materia de consumo", en *Estudios de Derecho español y europeo* (C. Arranz/M. Serna coords.), Santander, 2009, pp. 975-1001.

TOMILLO URBINA, Jorge: "El arbitraje de consumo en España: un recorrido histórico", en Leticia García Villaluenga, Jorge Tomillo Urbina y Eduardo Vázquez de Castro (dirs.): *Mediación, arbitraje y resolución extrajudicial de conflictos en el siglo XXI*, ed. Reus SA, Madrid, 2010, tomo II, pp. 81-115.

TOMILLO URBINA, Jorge: "Planteamientos y perspectivas del Derecho de consumo en las sociedades en crisis: nuevos desafíos, nuevas discriminaciones", en Tomillo Urbina, J. (dir.) y Álvarez Rubio, J. (coord.): *La protección jurídica de los consumidores en el espacio euroamericano*, ed. Comares, Granada, 2014, pp. 1-23.

TOMILLO URBINA, Jorge: "Realidad y futuro del Sistema Arbitral de Consumo: una aproximación crítica desde la experiencia cántabra", en Jorge Tomillo Urbina (dir.): *Práctica Arbitral de Consumo*, Thomson-Civitas, Cizur Menor, 2007, pp.29-67.

TOMILLO URBINA, Jorge: "La responsabilidad por la prestación de servicios a través de plataformas de intermediación *on line*", en *Dimensiones éticas y jurídicas de la inteligencia artificial en el marco del Estado de Derecho*, Cuadernos de la Cátedra de Democracia y Derechos Humanos –núm. 16- (J.I. Solar Cayón dir.), ed. Universidad de Alcalá-Defensor del Pueblo, Alcalá de Henares (Madrid), 2020, pp. 333-367

TOMILLO URBINA, Jorge: "Algunas cuestiones de abusividad en préstamos hipotecarios", en la *Revista de Derecho Patrimonial* [RdP], 55 (2021).

GRACIAS POR CONFIAR EN NUESTRAS PUBLICACIONES

Al comprar este libro le damos la posibilidad
de consultar gratuitamente la versión ebook.

Cómo acceder al ebook:

- **Entre en nuestra página web,** sección Acceso ebook (www.dykinson.com/acceso_ebook)
- **Rellene el formulario** que encontrará insertando el código de acceso que le facilitamos a continuación así como los datos con los que quiere consultar el libro en el futuro (correo electrónico y contraseña de acceso).
- Si ya es **cliente registrado**, deberá introducir su **correo electrónico y contraseña habitual**.
- Una vez registrado, **acceda a la sección Mis e-books de su cuenta de cliente**, donde encontrará la versión electrónica de esta obra ya desbloqueada para su uso.
- Para consultar el libro en el futuro, ya sólo es necesario que se identifique en nuestra web con su correo electrónico y su contraseña, y que se dirija a la sección Mis ebooks de su cuenta de cliente.

CÓDIGO DE ACCESO

Rasque para ver el código

Nota importante: Sólo está permitido el uso individual y privado de este código de acceso. Está prohibida la puesta a disposición de esta obra a una comunidad de usuarios.

DYK031918